JN065479

校長・教頭が
特別支援教育で
困らない
ための
心得 197

編集 **喜多好一**
全国特別支援学級・通級指導教室設置学校長協会会長
東京都江東区立豊洲北小学校統括校長

 教育開発研究所

はじめに

　この本を手に取られた皆様は、校長あるいは教頭(副校長)に昇任された先生、あるいは特別支援学級や通級指導教室が設置された学校に初めて異動されてきた先生、改めて現在の特別支援教育の動向を知りたい先生……などで、何かしら特別支援教育にかかわる対応に迫られている管理職の先生ではないかと推察いたします。

　現在、特別支援教育を対象とする子どもが増加しています。文部科学省の児童生徒数調査では、ここ10年で義務教育段階の子どもが100万人減少しているにもかかわらず、特別支援学級等の対象の子どもは逆に15万人増えていることからもわかります。通常の学級にも発達障害のある子どもも含めて、さまざまな障害種の子ども、配慮を要する子どもが数多く在籍するようになりました。この背景には、特別支援教育が社会に根づいたこと、保護者の理解が高まったことが要因の１つと言われています。学校においても、すべての学校に障害のある子どもが在籍していることを前提とした特別支援教育が推進されてきたところです。

　しかし、特別支援教育の対象となる子どもが増えることに合わせて、特別支援教育に携わる教員の専門性を担保することやインクルーシブ教育システムをめざして校内の特別支援教育体制を整備していくこと等が管理職にとって大きな教育課題となってきています。

　これからの管理職に必要な資質能力には、特別支援教育について確かな理念と識見をもちながら、校内の特別支援教育の充実に向けてリーダーシップを発揮していくことが求められていますが、自信をもって取り組めている管理職は数多くないのではと思います。

　このようなことから、学校現場で今まさに、特別支援教育にかかるさまざまな事案に試行錯誤して対応している管理職の皆様に向けた指南書ができないかという思いで、本書を刊行いたしました。

　本書の構成は次の通りとなります。

　PART.1では、特別支援教育の「基礎知識」編として、最新の特別支援教育を取り巻く状況から発達障害の特性に応じた基本的な支援や指導、特別支援教育コーディネーターの役割とはなど、主に特別支援教育でよく使用される専門用

語の説明に力を入れています。

　PART.2では、「学校経営・学校運営」における特別支援教育の在り方に焦点をあてています。学校経営方針への特別支援教育の位置づけ方、配慮を要する子どもの実態把握の仕方などのハウツウ的な内容から、校内委員会やケース会議の充実等のように校内の特別支援教育体制の整備をする際の管理職の役割が記されています。

　また、教員に特別支援教育の専門性を身につけさせるための管理職としての指導・助言の在り方、特別支援教育支援員、巡回指導教員等の人材活用の頁も用意しました。特別支援学級等を設置した学校の管理職に向けては、特別支援学級等の授業を指導する際の視点があります。さらには障害のある子どもをもつ保護者対応の原則などもあります。

　PART.3では、管理職の職務である人材育成、とりわけ特別支援教育を担う教員の人材育成に関する内容を取りあげています。現在、文部科学省は、新規採用教員が10年目までの間に、特別支援学校あるいは特別支援学級の教員を複数年、担当することに努めるよう、特別支援教育の経験者を増やす方針を打ち出しました。この動きを受けて、管理職として個々の教員のキャリアプランのなかで、特別支援教育の専門性に視点をあて育成していくことも含まれています。

　本書は、どこの頁から読み始めてもよいように、2頁見開きのQ&A形式にし、簡潔な文章になっています。ぜひ、目次から、ご自身が関心のある「困りポイント」を探していただき、目を通してみてください。校長として長く特別支援教育にかかわった執筆者の皆様からの熱いメッセージを受け取ることができると思います。Q&Aの終わりには、「管理職の心得」と題して、問題の解決を図るうえで重要なキーワードとなる言葉がまとめられていますので、参考にしていただければと存じます。

　最後になりますが、ご執筆いただいた皆様には、今回、用意させていただいた70の「困りポイント」の設問に対して、特別支援教育の経験の浅い管理職からベテランの管理職の皆様まで、どの管理職でも容易に理解できるよう、懇切丁寧に回答を用意いただきました。執筆者の皆様に心より敬意と感謝を申し上げます。

2022年12月　喜多好一

CONTENTS

はじめに ——— 002

執筆者一覧 ——— 154

おわりに ——— 156

編者紹介 ——— 160

PART.1 基礎知識

困りポイント **1** 特別支援教育の目的は何か知りたい ——— 010

困りポイント **2** 特別支援教育にかかわる教員を取り巻く
状況について知りたい ——— 012

困りポイント **3** 特別支援教育を巡る国の動向を知りたい ——— 014

困りポイント **4** インクルーシブ教育システムとは何か ——— 016

困りポイント **5** 授業づくりにおけるユニバーサルデザインとは何か ——— 018

困りポイント **6** 管理職が身につけなければならない
特別支援教育の専門性とは何か ——— 020

困りポイント **7** 特別支援教育体制をどう整備するか ——— 022

困りポイント **8** 発達障害の特性に応じた基本的な
支援や指導について知りたい ——— 024

困りポイント **9** 合理的配慮とは何かを知りたい ——— 026

困りポイント **10** 障害のある子どもの就学先決定の仕組みを知りたい ——— 028

困りポイント **11** 柔軟で連続性のある「学びの場」とはどういう意味か ——— 030

困りポイント **12** 特別支援学級と通級指導教室の
特別な教育課程とは何か ——— 032

困りポイント **13** 特別支援教育コーディネーターの役割とは何か ——— 034

困りポイント **14** 個別の教育支援計画と
個別の指導計画の違いを教えてほしい ——— 036

困りポイント **15** 特別支援学校のセンター的機能を
活用するとはどういうことか ——— 038

PART.2 学校経営・運営

校内体制整備

困りポイント **16** 学校経営方針や経営計画に
特別支援教育をどのように位置づければよいか —— 042

困りポイント **17** 通常の学級に在籍する特別な配慮を要する
子どもの実態把握をどう進めたらよいか —— 044

困りポイント **18** 特別支援教育推進へ校内体制を
整備するポイントは何か —— 046

困りポイント **19** 校内委員会の役割と効果的な
運営の仕方について知りたい —— 048

困りポイント **20** 校内委員会やケース会議を充実させるための
管理職の役割は何か —— 050

困りポイント **21** 障害に対応した環境整備をするために
教育委員会とどのように連携すればよいか —— 052

困りポイント **22** 特別支援教育コーディネーターを活用するポイントは何か —— 054

困りポイント **23** 幼小中高の連携や引継の際の
管理職の役割は何か —— 056

困りポイント **24** 外部機関等との連携時の管理職の役割は何か —— 058

困りポイント **25** 学校評価に特別支援教育を
どのように位置づければよいか —— 060

教職員支援

困りポイント **26** すべての教員が身につける
特別支援教育の専門性には何があるか —— 062

困りポイント **27** 発達障害のある児童生徒が在籍する
通常の学級担任への支援をどのようにすればよいか —— 064

困りポイント **28** 通常の学級におけるユニバーサルデザインを意識した
支援をするポイントは何か —— 066

困りポイント **29** 障害のある子どもへの支援で悩んでいる
担任にどう支援するか —— 068

困りポイント **30** 特別支援教育支援員等をどのように活用すればよいか —— 070

困りポイント **31** 特別支援教育支援員等の人的配置がない場合は
どのようにすればよいか —— 072

困りポイント **32** スクールカウンセラー、巡回相談員等を
有効に活用するにはどうすればよいか —— 074

困りポイント **33** 特別支援学級と通常の学級との交流及び共同学習
を進めるうえでのポイントは何か —— 076

困りポイント **34** 特別支援学校との交流及び
共同学習を行うポイントは何か —— 078

困りポイント **35** 障害者理解教育を進めるうえでのポイントは何か —— 080

困りポイント **36** 通常の学級と特別支援学級、通級指導教室との間で
授業研究や交換授業をするポイントは何か —— 082

困りポイント **37** 特別支援教育の中核となる教師を育てるための
管理職としてのしかけを知りたい —— 084

困りポイント **38** 管理職が特別支援学級の授業を
指導する際のポイントは何か —— 086

困りポイント **39** 管理職が通級指導教室の授業を
指導する際のポイントは何か —— 088

困りポイント **40** 通常の学級担任と特別支援学級・
通級指導担当教員の連携をどのように図るか —— 090

困りポイント **41** 特別支援学級や通級による指導の
教育課程を編成する際のポイントは何か —— 092

困りポイント **42** 特別支援学級でICTをどのように活用するか —— 094

困りポイント **43** 特別支援学級における「主体的・対話的で深い学び」の
授業とはどのようなものか —— 096

困りポイント **44** 障害のある外国人児童生徒、
医療的ケアの必要な子どもへの配慮をどうすればよいか —— 098

困りポイント **45** 巡回による通級の指導を行ううえでのポイントは何か —— 100

困りポイント **46** 自立活動の指導とはどのような指導か —— 102

保護者対応

困りポイント **47** 保護者への理解啓発をどのように進めればよいか —— 104

困りポイント **48** わが子に障害があるのではないかと
相談を受けた場合の対応について知りたい —— 106

困りポイント **49** わが子の障害を受容できていない保護者への
管理職のかかわり方を知りたい —— 108

困りポイント **50** 特別支援学校への就学が望ましい子どもを通常の学級に
通わせたいと言っている保護者にどのように対応するか —— 110

困りポイント **51** 特別支援学級への就学を保護者は納得しているが、
祖父母等の家族が認めないときの対応の仕方を知りたい —— 112

困りポイント **52** 通常の学級に在籍する発達障害のある子どもの保護者への
就学相談の仕方を知りたい —— 114

困りポイント **53** 過度な合理的配慮の提供を要望してくる
保護者への対応を知りたい —— 116

困りポイント **54** 障害のある子どもへ苦情を申し立てる
保護者への対応を知りたい —— 118

困りポイント **55** 障害に詳しい保護者から
専門用語で責められたらどうするか —— 120

PART.3 人材育成

困りポイント **56** 管理職が特別支援教育の専門性を
向上させるための方法を知りたい —— 124

困りポイント **57** すべての教職員の特別支援教育に対する
意識を変えるためのしかけを知りたい —— 126

困りポイント **58** 校内の特別支援教育研修をどのように進めればよいか —— 128

困りポイント **59** 特別支援学級や通級指導教室の担当教員が
身につける力とは何か —— 130

困りポイント **60** 特別支援学級や通級指導教室を担う教師の
専門性を高める研修を知りたい —— 132

困りポイント **61** 特別支援学級や通級指導教室の担任配置をするときに
気をつけることは何か ─── 134

困りポイント **62** 特別支援学級や通級指導教室を初めて担当する教員への支援、
指導の仕方を知りたい ─── 136

困りポイント **63** 特別支援教育のキャリアを積ませる
人材育成計画をどう作成するか ─── 138

困りポイント **64** 新卒教員10年目までに特別支援教育を
どのように経験させていくか ─── 140

困りポイント **65** 10年目以上の教員に特別支援教育を
どのように経験させていくか ─── 142

困りポイント **66** 教職員の特別支援教育に対する関心を
高めるためにはどのようにしたらよいか ─── 144

困りポイント **67** 特別支援学級や通級指導教室の担任を
固辞する教員にどのように対応するか ─── 146

困りポイント **68** 教育委員会事務局と連携して
どのように人材育成を図るか ─── 148

困りポイント **69** 特別支援教育コーディネーターを
どのように育成していくか ─── 150

困りポイント **70** 障害による特性を児童生徒の怠けや
努力不足等と誤解する教職員をどう指導するか ─── 152

PART.
1

基礎知識

特別支援教育の
目的は何か知りたい

　特別支援教育は、障害のある子どもの自立や社会参加に向けた主体的な取組を支援する、という視点に立って、対象となる子ども一人一人の教育的ニーズを把握し、そのもっている力を高めるとともに、生活や学習で抱える困難さを軽減し、改善するための適切な指導や支援を行う教育です。

自立と社会参加

　「自立」と「社会参加」については、障害者権利条約に「自立した生活及び地域社会への包容」として次のような記述があります。

　　この条約の締約国は、全ての障害者が他の者と平等の選択の機会をもって地域社会で生活する平等の権利を有することを認めるものとし、障害者が、この権利を完全に享受し、並びに地域社会に完全に包容され、及び参加することを容易にするための効果的かつ適当な措置をとる。

　「自立」や「社会参加」は、社会全体に「排除しない」「共に生きる」という体制が基盤にあって実現されます。**学校では、その前段階として、「共に生きる」という意識を全体で共有する必要があります。**特別支援教育における「自立」や「社会参加」の課題は、障害がある子どもの課題であると同時に、学校全体とも深くかかわっている課題である、と捉えることが大切です。

　インクルーシブ教育システムの構築を考えるときには、「障害」という枠組みだけではなく、さまざまな課題を抱える子ども一人一人の教育的ニーズを把握しようと努力することにより、学校での取組が進展すると思われます。

すべての学校で取り組む特別支援教育

2007年4月から、特別支援教育が学校教育法に位置づけられ、すべての学校において、発達障害も含めて、障害のある子どもの支援を充実していくこととなりました。特別支援教育は、障害のある子どもへの教育にとどまらず、さまざまな人々が生き生きと活躍できる共生社会の形成の基礎となるものです。

2007年4月の文部科学省通知「特別支援教育の推進について」には、特別支援教育の理念とともに、実施責任者としての校長の責務が示されています。また、実施体制の整備と必要な取組として①校内委員会の設置②実態把握③特別支援教育コーディネーターの指名④関係機関との連携を図った「個別の教育支援計画」の策定と活用⑤「個別の指導計画」の作成⑥教員の専門性の向上等が示されました。

2020年度〜2022年度に改訂・実施された学習指導要領にも、この通知の趣旨が生かされています。幼・小・中・高等学校の通常の学級においては、発達障害を含む障害のある子どもが在籍している可能性があることが前提とされています。そのうえで、すべての教科において、一人一人の教育的ニーズに応じたきめ細やかな指導や支援ができるよう、障害種別の指導を工夫します。さらに、各教科等の学びの過程において考えられる困難さに対する指導の工夫の意図や、手立ての例も具体的に示されています。

通級による指導を受ける児童生徒や特別支援学級に在籍する児童生徒に対しては、個々の教育的ニーズに応じた指導や支援が組織的・継続的に行われるよう「個別の教育支援計画」や「個別の指導計画」を作成することが明記されています。

管理職の心得

- 障害のある子どもの自立と社会参加のための取組を支援する
- 多様な在り方を相互に認め合える共生社会の実現をめざす
- 発達障害も含め、すべての学校において支援を充実させる

特別支援教育にかかわる
教員を取り巻く状況
について知りたい

　特別支援学級に在籍する児童生徒や通級による指導を受ける児童生徒の増加とともに、担当する教員も増加しています。また、すべての学校で特別支援教育が推進されていることから、通常の学級担任にも特別支援教育に関する知識が必要です。特別支援教育への期待は大きく、教員の専門性の向上が大きな課題となっています。

特別支援学校教諭免許の保有と教員経験

　教員の特別支援教育の専門性を示すものとして、特別支援学校教諭免許状の保有があります。しかし、特別支援学級の教員が、その免許を保有している割合は全体の３割程度であり、保有率の向上が必要とわかっていても、なかなか変化していかない状況があります。全国特別支援学級・通級指導教室設置学校長協会の調査では、特別支援学級や通級指導教室の中心となる主任でさえ、その保有率は４割程度です。

　その理由としては、取得できる機会が限られている、免許についての理解や周知が進んでいない、保有するメリットが感じられないなどがあがっています。

　教員の経験年数については、特別支援学級や通級指導教室の中心となる主任で、特別支援学級や通級指導教室での指導経験３年以下が４割程度です。また、2022年１月の文部科学省資料では、特別支援学級の学級担任は、小学校や中学校に比べて、臨時的任用教員の割合が２倍程度高く（小学校：学級担任11.5%⇒特別支援学級23.7%

中学校：学級担任9.3%⇒特別支援学級24.0%）なっており、課題解決への手立てを早急に講じていかなければなりません。

特別支援教育を担当する教員の専門性向上

　こういった特別支援教育を担当する教員の課題に対応していくため、2022年3月に「特別支援教育を担う教師の養成の在り方等に関する検討会議」から報告が出されました。このなかで、教員養成段階の大学における教職課程の在り方や、**教員採用後10年以内に特別支援教育を複数年経験する**こと、**通常の学級と特別支援学級等との交換授業や研究授業**、**特別支援学級等と特別支援学校との人事交流**等、採用や育成段階における方針が示されました。管理職の任用にあたり特別支援教育の経験を考慮することにも言及されています。

　今後、この報告に基づき、特別支援教育を担当する教員の専門性については、さまざまな取組が行われていくと思われます。すべての教員に対して特別支援教育に関する力が求められるとともに、特別支援学級や通級による指導の担当教員に対しては、さらに高い専門性が求められることになります。通常の学級における研修としては、**合理的配慮に関する知識**や、**障害に応じた指導や支援の内容や方法、関係機関との連携**等を深めていく必要があります。

　特別支援学級や通級による指導の担当教員は、校内では少数であり、研修を充実させることの困難さが指摘されています。実施されている研修として、指導主事や学識経験者・専門家等による研修、スーパーバイザーや巡回相談員による助言の活用、教員同士のOJTによる研修、テーマを決めた研究への取組等があげられます。

　今後は、ICTを活用したオンラインの研修や、リモートによる授業研究、複数の学校の教員による学び合い等、新たな形の研修を開発していくことも必要です。

管理職の心得

- 特別支援学校教諭免許の取得率を高める
- 特別支援教育にかかわる教員の研修を工夫する
- 特別支援学級や通級指導の教員の配置を検討する

特別支援教育を巡る
国の動向を知りたい

　2006年に国連総会において障害者権利条約が採択されたことを
受け、同条約の理念を踏まえ、2007年に学校教育法が一部改正さ
れました。小・中学校等の通常の学級において、発達障害等を含む
障害のある児童生徒等への指導や支援を進めることが規定され、特
別支援教育が本格的に実施されるようになりました。

　以後も特別支援教育の充実に向けた法整備等がなされ、近年の状
況は次の通りです。

・2013年8月　「認定就学制度」の廃止などの就学制度改正

（学校教育法施行令改正）

・2016年4月　「合理的配慮の提供」義務化

（障害者差別解消法）

・2017年3月　学習指導要領における特別支援教育の充実

（幼稚園、特別支援学校幼稚部教育要領、小・中学校、

特別支援学校小・中学部学習指導要領　公示）

・2017年4月　通級による指導にかかる教員定数の基礎定数化

（義務標準法改正）

・2018年4月　高等学校等における通級による指導の制度化

（学校教育法施行規則改正）

特別支援教育の方向性

　2021年1月の中央教育審議会答申「『令和の日本型学校教育』の構
築を目指して」の各論「新時代の特別支援教育の在り方について」に
特別支援教育の方向性が次のように示されています（筆者引用）。

　インクルーシブ教育システムの理念を構築し、特別支援教育を進展

させていくために、

○ 障害のある子供と障害のない子供が可能な限り共に教育を受けられる条件整備を進める。

○ 障害のある子供の自立と社会参加を見据え、一人一人の教育的ニーズに最も的確に応える指導を提供できるよう、通常の学級、通級による指導、特別支援学級、特別支援学校といった、連続性のある多様な学びの場の一層の充実・整備を進める。

こうした基本的な考え方に基づき、①障害のある子どもの学びの場の整備・連携強化②特別支援教育を担う教師の専門性の向上③関係機関の連携強化による切れ目ない支援の充実を図っていくことが大事になります。

 ## 新時代の特別支援教育の在り方を受けて

すべての教師に障害の特性等に関する理解と指導方法を工夫できる力や個別の教育支援計画・個別の指導計画などの特別支援教育に関する基礎的な知識、合理的配慮等に関する理解等が必要になってきています。文部科学省は2022年3月に特別支援教育の現状と教職員の各キャリア段階における専門性向上のための手立てについての報告を出しました。そのなかには、「教職採用後10年以内に特別支援教育を複数年経験」などの具体的な提言も盛り込まれています。

また、一人一人の教育的ニーズに的確に応える指導がなされるよう、2022年4月に「特別支援学級及び通級による指導の適切な運用について(通知)」が出され、特別支援学級に在籍する児童生徒の交流及び共同学習の授業時数の上限等が示されました。

管理職の心得

- 管理職は特別支援教育の国の動向に注目していく
- 管理職自身の特別支援教育の専門性を高めていく
- 学校全体の特別支援教育の専門性向上を図っていく

インクルーシブ
教育システムとは何か

　障害者権利条約が2006年に国連総会において採択され、世界各国が順次批准しています。日本は2014年1月に批准しました。その後、国連は日本に対して2022年8月に審査を行い、インクルーシブ教育のさらなる推進の勧告を行っています。

　障害者権利条約24条では、インクルーシブ教育システムを次のように規定しています(筆者要約)。

　　人間の多様性の尊重の強化、障害者が精神的及び身体的な能力等を可能な最大限まで発達させ、自由な社会に効果的に参加することを可能とするとの目的の下、障害のある者と障害のない者とが共に学ぶ仕組みであり、障害のある者が一般的な教育制度から排除されないこと、自己の生活する地域において初等中等教育の機会が与えられること、個人に必要な合理的配慮が提供される等が必要とされている。

　インクルーシブ教育システムを「障害のある人とない人が共に学ぶ仕組み」と考えるとわかりやすいです。

インクルーシブ教育システム構築のための
特別支援教育の推進

　中央教育審議会は特別支援教育の在り方に関する特別委員会を設置し、2012年7月に「共生社会の形成に向けたインクルーシブ教育システム構築のための特別支援教育の推進(報告)」を出しました。そこでは5つの観点からインクルーシブ教育システムの構築に向けた方向性が示されました。

⑴　共生社会の形成に向けて

　共生社会とは障害等があっても、積極的に参加・貢献していくこ

とができる社会です。同じ場で共に学ぶことを追求するとともに、個別の教育的ニーズのある児童生徒に対して、自立と社会参加を見据えて、その時点で教育的ニーズに最も的確に応える指導が提供できる、多様で柔軟な仕組みを整備することが重要です。

⑵　就学相談・就学先決定の仕組み

　一人一人の教育的ニーズに応じた支援を保障するためには乳幼児期を含め早期からの教育相談や就学相談を行うことにより、本人・保護者に十分な情報を提供し、必要な支援について合意形成していくことが重要です。

⑶　障害のある子どもが十分に教育を受けられるための合理的配慮及びその基礎となる環境整備

　障害のある子どもが他の子どもと平等に教育を受けるために、学校の設置者および学校がその子どもに必要な変更・調整をしていくことも重要です。ただし、合理的配慮は、必要かつ適当な変更・調整を行うことであり、体制面、財政面において均衡を失したまたは過度の負担を課すものは想定していません。

⑷　多様な学びの場の整備と学校間連携の推進

　多様な学びの場として、通常の学級、通級による指導、特別支援学級、特別支援学校、それぞれの環境整備を充実していくとともに、地域の学校間連携を図っていくことが重要です。

⑸　特別支援教育を充実させるための教職員の専門性向上等

　すべての教職員が特別支援教育に関する一定の知識・技能を有していることが大事です。また、特別支援学級等の担当教員は学校の特別支援教育の中核としてさらなる専門性の向上が求められます。

管理職の心得

- 障害のある人とない人が共に学ぶ仕組みを構築する
- 合理的配慮では個別に必要な変更や調整を行う
- 全教職員に特別支援教育に関する知識・技能が必要となる

授業づくりにおける
ユニバーサルデザインとは何か

　共生社会の実現に向けて、学校現場でのインクルーシブ教育の推進が求められ、一人一人の教育的ニーズに応じた適切な支援が必要となっています。そのため、障害の有無にかかわらず、すべての子どもにとってわかりやすく学びやすい、「教育のユニバーサルデザイン」の視点による授業づくりが進められています。

子どもの参加意欲を高める時間と場の構造化

　授業の流れや手順、所要時間、終了時刻等を事前に提示するなど、**時間の構造化により子どもに活動の見通しをもたせ、参加意欲を高める**ことができます。また、授業スタイルをパターン化するとともに、子どもの状況に応じ課題の難易度を調整するなどスモールステップ化を図ることや、座席の配慮やグループ編成の工夫等、場の構造化も参加意欲を高めるうえで有効です。

子どもの理解を助ける焦点化と視覚化

　授業を展開するにあたっては、学習のねらいを明確にし、適切な**学習形態や学習活動を絞り込む焦点化**が重要です。活動を止めて集中させてから話したり、わかりやすい発問や具体的で明確な指示・説明を心がけたりすることも、子どもの理解のためには有効です。
　また、写真やイラスト、具体物など、見たり触ったりして体感できる教具を活用したり、**着目する点やまとめる手順を例示したりすることは理解を助ける視覚化**の方法です。

めあてやまとめを色別に表したり、思考の流れがわかる板書を心
がけたりして、大切な情報を見えるようにす
ることも視覚化の1つです。そのため、学年
や教科の枠を越えて学校全体で板書の仕方に
規則性と継続性をもたせることも大切です。

学習に集中できる教室環境整備

周囲の刺激に敏感に反応してしまう子どものためには、光や音、
室温など、環境への配慮が必要です。前述の構造化・焦点化・視覚
化の観点に立ち、**教室内の掲示物を精選しねらいや活動に応じた教
材を提示する**ことで、学習への集中度が高ま
ります。また、活動内容や動線を考慮し、学
習用具や教材の置き場所を決めたり、整理の
仕方を教えたりすることも重要です。

活動の基盤となる良好な学級集団づくり

すべての学習活動の基盤となるのが学級集団です。親和的で学習
環境の良好な学級集団においては、助けてもらってうまくいったと
いう経験が積み重なり、「困ったときには互いに声をかけ合おう」と
いう雰囲気が醸成されます。そのような学級集団づくりのためには、
話したり聞いたりする際のルール等を定着させるとともに、**自他の
違いを受けとめたうえで互いを認め合う人間関係づくり**に努めるこ
とが大切です。

管理職の心得

- すべての子どもにユニバーサルデザインは有効となる
- 構造化・焦点化・視覚化で参加意欲と理解度が向上する
- 良好な学習環境と学級集団づくりが活動の基盤となる

管理職が身につけなければならない
特別支援教育の**専門性**とは何か

　各学校における特別支援教育の充実がどのように進捗するのかは
それぞれの管理職がもつ特別支援教育の専門性に大きく左右される
といっても過言ではありません。また、保護者や地域の方などから
特別支援教育にかかわる内容について質問や意見を求められた際は、
信念と熱意をもって自校の特別支援教育を語れることが大切です。

　管理職として必要とされる特別支援教育の専門性にはどのような
ものが考えられるでしょうか。ここでは、「教職員が管理職に期待
する特別支援教育の専門性」と「保護者等が管理職に期待する特別支
援教育の専門性」、２つの観点から整理してみましょう。

教職員が管理職に期待する
特別支援教育の専門性

　「国や地方自治体における最新の動向を踏まえつつ、学校や地域
の実情に照らしながら、将来を見通した経営ビジョンに基づく方針
と具体的な助言」を教職員は管理職に期待しています。

　特別な教育的配慮を必要とする児童生徒の指導や支援を担当する
教職員には「**支援や指導の方法が適切であるか、改善すべき点は何
であるか、情報をどう入手すればよいか**」等の悩みが常にあると考
えれば、管理職として押さえておきたいことが見えてきます。

　関係法令や学習指導要領における特別支援教育の位置づけなど基
礎知識のほか、**各障害（視覚障害、聴覚障害、知的障害、肢体不自由、
病弱・身体虚弱、重複障害、言語障害、情緒障害、発達障害）の定義や
各障害に応じた教育の基本**を踏まえ、必要な教育課程が実施できる
よう、校長として指導・助言することが重要です。また、国立特別

支援教育総合研究所などの関係機関ホームページから指導資料や支援コンテンツ等の特別支援教育に関する最新情報を入手できます。それらを活用して具体的に助言できれば、教職員にとって頼りになる管理職となることでしょう。

　また、担任や担当者だけが悩みを抱えてしまうことがないよう、**全校体制で特別支援教育を進めていくことを管理職が明言する**とともに、その進捗を常に意識して、必要な改善があれば即断、実行できる管理職であってほしいと願います。

保護者等が管理職に期待する特別支援教育の専門性

　合理的配慮を円滑に進めるためにも、学校に対する保護者等からの信頼はとても重要となります。わが子における対人面や集団場面での困難さ、あるいは学習や学校生活における不安など、保護者は大きな悩みを抱えています。**本人・保護者が、学校生活や卒業後の進路、社会参加の様子などについて知り、見通しをもてるように支えることのできる管理職**をめざしたいものです。

　たとえば、**放課後等デイサービスなど豊かな生活を支援するための行政サービス情報や仕組み、進路や社会参加に関する動向や実績など、具体的な情報**を示すことができれば、学校への信頼をぐっと高めることができるでしょう。

　教職員、保護者等、それぞれの立場から管理職に期待される特別支援教育の専門性を磨き、児童生徒の個性を受けとめ、特別支援教育のさらなる充実を進め続けるリーダーシップに期待します。

管理職の心得

- 教職員の期待に応えるために必要な知識・情報に精通する
- 保護者等の期待に沿える具体的な情報にアンテナを張る
- 特別支援教育の充実を推進するリーダーシップを発揮する

特別支援教育体制を
どう整備するか

　ここでは、校長として特別支援教育体制をどのように整備すべき
かを考えてみましょう。特別支援学級や通級指導教室の設置の有無
に関係なく、すべての学校において、障害等による学習上の困難さ
や対人場面での課題等に悩む児童生徒が必ずいるはずです。そして、
一人一人の困難さを可能な限り軽減すべく、必要な配慮を実現し、
それを持続するためには、**学校が組織的に特別支援教育を進める体
制づくり**が重要となります。

　各学校は、学習における特別な配慮等を必要とする児童生徒の指
導を直接担当する教職員とは別に、関係者間や校内全体での円滑な
連絡調整や特別支援教育推進を担う教員を特別支援教育コーディ
ネーターに指名しています。そのほか、特別支援教育に関する校内
委員会の設置や校内研修会の工夫なども含めて、それらは特別支援
教育体制の整備として、重点課題の1つに位置づけるべきでしょう。

特別支援教育コーディネーターの
指名は重要なカギ

　貴職は、どのような方に特別支援教育コーディネーターを指名し
ていますか。1名だけの指名でしょうか、それとも複数指名でしょ
うか。その方は学級担任や教科担当教員でしょうか、それとも専任
でしょうか。各校が所属する自治体や学校規模は、それぞれ異なり
ますから、現状はさまざまと思います。初任者や経験が浅い教員を
特別支援教育コーディネーターに指名している学校は少なくなって
きているでしょうが、学校事情もあることでしょう。

　校長会による調査では専任の配置を望む声が多いですが、現状と

しては担任や授業を持つ教員が校務分掌として担当している実態があります。しかし、特別な教育的支援が必要な児童生徒の数は年々増加しており、関係機関や校内での連絡調整や進行管理などの負担も相当なものとなっています。**生活指導や特別支援教育に関する経験が豊富な方を含めて、複数名を特別支援教育コーディネーターに指名したいですね。**

校内委員会の工夫、校内研修会の充実

昨今は、**特別支援教育に関する校内委員会**のほか、不登校に関する校内委員会やいじめ対策、虐待防止など、さまざまな校内委員会設置の必要に迫られている現実があります。生活指導担当者会議等を活用しながら、ケースに応じて必要なメンバーによる会合等を校内委員会に位置づけるなどの工夫をしている学校もあるようです。

また、毎週末の退勤時間前15分間に生活指導全体会を併せて設定し、全体の共通理解を徹底している学校などもあります。

校内研修会の活用も教職員全体の特別支援教育に関する専門性の向上に役立ちます。校内研究において特別支援学級での研究授業と協議会を必ず実施する学校もありますし、専門家等を招いた学習会や特別支援学校への見学や障害者雇用に積極的な企業の職場見学等から教職員がヒントを得ることもあります。

特別支援教育コーディネーターの指名や校内委員会の設置は必須であり、そのことと同時に、**教職員全体における特別支援教育に関する専門性の向上を図ることが大切**になります。

管理職の心得

- 特別支援教育コーディネーターは適任者を指名する
- 既存の組織も活用しながら、校内委員会を工夫する
- 校内研修の柱の1つに特別支援教育を盛り込む

困りポイント 8

発達障害の特性に応じた 基本的な支援や指導
について知りたい

　ここでは「発達障害」を、知的障害や他の障害種等も含め、広義に捉えながら述べていきたいと思います。

　発達障害等に起因する一人一人の特性を捉え、正しく理解していくこと。基本的な支援や指導の原点はここにあります。特別支援教育の推進にあたり、「障害の種類や程度」の重視から「教育的なニーズ」として捉えることへの転換が図られています。「特性に応じた支援や指導＝教育的ニーズに応じた支援や指導」と捉え、子どもたち一人一人への個別最適な支援や指導をめざしましょう。

■ 教育的ニーズの把握と支援体制づくり

⑴　「アセスメント」と共有で正しい理解を

　一人一人の実態や状態はさまざまです。発達段階や生育歴等により、成長の道筋もみな異なります。そんな子どもたちの姿を正しく理解するために重要なのが適切な「アセスメント」です。アセスメントは単なる検査や評価だけではなく、さまざまな情報を集め、分析や判断、検証を通して、支援や指導の方策を見いだしていくプロセスのことです。指導者や保護者の気づきや見立てとともに、チェックリスト等も活用し客観的に把握していくことも大切です。また、本人を中心にさまざまな関係者が支援のネットワークをつくりながら進めることで、より確かなアセスメントにつながっていきます。

⑵　チームとして一貫性・継続性のある支援体制

　アセスメントをもとに見いだした支援・指導の方針や手立て等は支援にかかわるチームでしっかりと共有します。保護者との共通理解も欠かせません。個別の指導計画や教育支援計画に具体的に盛り

込み、一貫性のある継続した支援や指導を進めていきましょう。

⑶　よさや強みにも目を向けて

　「特性」というと、「○○ができない」「○○がむずかしい」など、マイナスの視点で捉えがちです。ぜひ一人一人のよさや強みにも着目しましょう。「特性を生かす」ことが支援のヒントになります。

■ 支援や指導で心がけたいポイント

□個別目標や取り組む課題は「何を頑張ればいいのか」がわかりやすく、達成感や成長の手応えを実感できるような設定を心がけたいです。そして「スモールステップ」で積み重ねていくことで、肯定的な評価を得るチャンスが増えていきます。

□ユニバーサルデザインの視点を生かし、常に学びやすい環境の整備や学習活動の展開を心がけましょう。

□学習上、生活上の困難さの改善、克服に向けて「自立活動」（102頁参照）の視点をベースとした支援や指導を意図的に進めましょう。

□ニーズと活動のねらいに応じた具体的な個別目標を設定して支援や指導を進めます。個別指導は、集団活動のなかでも、明確な個別目標と支援の手立てを意識することで行うことができます。

□子どもの変容や評価を踏まえ、支援や指導の効果、妥当性を常に検証することが重要です。児童生徒理解を深める場でもあります。

□一人一人の自己肯定感の醸成と二次障害に至らないための配慮やサポートを心がけましょう。

　紙面の都合で具体的な支援事例等はあげられませんが、これらのポイントを参考に、チームで「支援の作戦会議」を進めてみましょう。

管理職の心得

● 支援・指導の主体者として管理職も積極的にかかわる

● トライ＆エラーで質の高い働きかけへ。よきチャレンジを

● 支援や指導のデータベース（特総研NISE等）も要チェック

合理的配慮とは何かを知りたい

　合理的配慮は障害者権利条約で示された概念であり、2012年の中央教育審議会報告では次のように示されています。

　障害のある子どもが、他の子どもと平等に「教育を受ける権利」を享有・行使することを確保するために、学校の設置者及び学校が必要かつ適当な変更・調整を行うことであり、障害のある子どもに対し、その状況に応じて、学校教育を受ける場合に個別に必要とされるもの。

　2016年の障害を理由とする差別の解消の推進に関する法律（障害者差別解消法）の施行により、学校教育において進めるべき最も重要な取組となっています。**障害のある子どもたち一人一人の教育的ニーズと将来の自立や社会参加、豊かに自己実現していく姿をイメージしながら提供していくことが重要です。**

合理的配慮提供の観点・項目

合理的配慮をしていくうえでの観点や項目は次の通りです。
①教育内容・方法
　【教育内容】1 学習上または生活上の困難を改善・克服するための配慮　2 学習内容の変更・調整
　【教育方法】1 情報・コミュニケーションおよび教材の配慮　2 学習機会や体験の確保　3 心理面・健康面への配慮
②支援体制
　1 専門性ある指導体制の整備　2 幼児児童生徒、教職員、保護者、地域の理解啓発を図るための配慮　3 災害時等の支援体制の整備
③施設・設備
　1 校内環境のバリアフリー化　2 発達、障害の状態および特性等に

応じた指導ができる施設・設備の配慮　３災害時等への対応に必要な施設・設備の配慮

■ 合理的配慮提供のポイント

□合理的配慮の提供は、保護者や本人からの意思表明、申し出が基本となりますが、日々の指導にあたる学校側の気づきや必要感をもとに発信、提案していくことも重要です。

□合意形成に導く「建設的な対話」が重要です。なぜ合理的配慮が必要なのかをしっかりと共有したいですね。子どもの姿や願う将来像を相互に理解・共有できるチャンスにもなります。

□合理的配慮による変容や評価をもとに、その妥当性を検証し、必要に応じて適切な時期に見直していくことが重要です。個別の指導計画や教育支援計画にも反映させていく必要があります。

□外部の専門家との連携も図りながら、より適切な配慮の在り方を見いだしましょう。教師の専門性向上にもつながります。

□「均衡を失した又は過度な負担を課さないもの」であることが重要です。誰かが息切れしてしまい、継続できない合理的配慮では本来の役割を果たすことができません。

□引継ぎが大切。一人一人の学びの連続性を保障するためにも指導者間の確かな引継ぎや、保護者との共有を心がけましょう。

□合理的配慮は、障害のある子どもたちのもてる力を最大限に引き出すため、そして思いきりチャレンジすることを可能にするための「できる状況づくり」でありたいですね。

管理職の心得

● 校長がキーパーソン。高く感度のよいアンテナをもつ
● 判断や決断を支える法規・報告等の情報をチェックする
● まずは管理職自身が「よき支援者」であること

困りポイント **10**

障害のある子どもの
就学先決定の仕組みを知りたい

　障害のある子どもの、就学先の決定においては、その障害の状態等に応じて、子どもの可能性を最大限に発揮させ、将来の自立や社会参加のために必要な力を培うという視点に立って、一人一人の教育的ニーズに応じて指導を行うことが求められます。このため、早期からの一貫した教育支援が重要となり、子どもの可能性を最も伸長する教育が行われることを前提に、本人・保護者の意見を可能な限り尊重したうえでの総合的な判断が求められます。

インクルーシブ教育の視点を大切に

　右図が示すように、**就学先は、本人・保護者と市町村教育委員会、学校等が教育的ニーズと必要な支援について合意形成を行うことを原則としたうえで市町村教育委員会が決定する**ことになりますが、保護者の意向が反映されることがあります。

　就学先の決定にあたっては、障害のある子どもの障害の状態のみに着目して画一的に検討を行うのではなく、子ども一人一人の教育的ニーズ、学校や地域の状況、保護者や専門家の意見等を総合的に勘案して、個別に判断・決定しなければなりません。

　学校教育は、障害のある子どもの自立と社会参加をめざした取組を含め、共生社会の形成に向けた重要な役割を果たすことが求められています。そのためには、障害のある子どもと障害のない子どもが可能な限り同じ場で共に学ぶことをめざすことが大切です。その際には、それぞれの子どもが授業内容を理解し学習活動に参加しているという実感・達成感をもちながら充実した時間を過ごしつつ、生きる力を身につけていけるかどうか、という視点が大切です。

なお、就学時に決定した学校や学びの場は、固定したものではなく、発達の程度、周囲の環境の変化等を勘案し、変更できることについて、共通理解を図る必要があります。そのためには、就学先決定後においても、継続して教育相談や行動観察を行うなど、きめ細やかな支援が必要です。

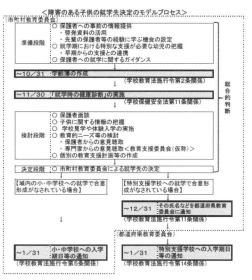

文部科学省「障害のある子供の就学先決定について」より

合意形成に向けて

　就学先の決定に際し、保護者との意見の相違が生じ、築いてきた信頼関係が損なわれてしまうことがあります。そのような際の解決策の1つとして、本人の夢や希望を大切にしながら支援計画を作成する【PATH（Planning Alternative Tomorrows with Hope）希望に満ちたもう1つの未来の計画】があります。

　本プランは、望ましい就学先の決定に際してもその礎となるものです。就学時における保護者との話し合いのなかで、**保護者の思いを受けとめながら子どもの将来や未来像を共有することは、教育的ニーズや必要な支援の共有化につながり、合意形成に向けての有効な手立ての1つとなり得ます。**

管理職の心得

- 就学先決定は保護者・子どもとの合意形成が原則となる
- 教育的ニーズや必要な支援を共有して合意形成を図る
- 就学先の決定は市町村教育委員会が行う

柔軟で連続性のある「学びの場」とはどういう意味か

　学校教育は、共生社会の形成に向けた重要な役割を果たすことが求められています。そのためには、インクルーシブ教育の推進を図ることが喫緊の課題であり、個別の教育的ニーズのある幼児児童生徒に対し、自立と社会参加を目途とした多様で柔軟かつ連続性のある多様な学びの場を整えることが大切です。

個別の指導計画等を活用した縦の連続性

　障害のある子どもの将来の社会的自立のために、教育の場において一人一人の教育的ニーズの実現を図ることはとても大切です。下図は乳幼児期から学校卒業後までの継続した支援のモデル図です。このように、**一人一人の教育的ニーズを正確に把握し、教育の視点から適切に長期的な視点で、乳幼児期から学校卒業後まで一貫して適切な教育的支援を行う必要があります**。「個別の教育支援計画」は教育、福祉、医療、労働等の関係機関の連携のもと、保護者を含め、一貫した支援を行うために学校が主体となって策定するもの。「個別の指導計画」は、「個別の教育支援計画」を踏まえて、より具体的に一人一人の教育的ニーズに対応し、指導目標や指導内容・方法などを盛り込んだ教育課程で、学校が主体となり策定するものです。

　なお、「サポート手帳」「はぐくみ手帳」等の名称で、多

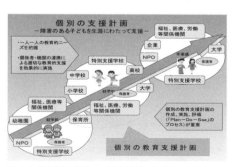

国立特別支援教育総合研究所「『個別の教育支援計画』の策定に関する実際的研究」より

くの自治体が専用のファイルを作成し、関係諸機関や保護者との連携のもと、乳幼児期から成人期に至るまで一貫してよりよい支援が提供できるよう努めています。対象は発達障害のある子、という括りがある場合もありますが、早期からの一貫した支援のために有効な手立てとなっています。

■ 特別支援学校と小中の教育課程の連続性

　今回の特別支援学校学習指導要領の改訂では、障害のある子どもたちの学びの場の柔軟な選択を踏まえ、幼稚園、小・中・高等学校の教育課程との連続性を重視することが示されました。この背景には、中学校に在籍していた生徒が特別支援学校高等部に入学するケースが増加することで、教育課程の連続性を考慮する必要性が生じたこと等があげられます。

　そのため、特別支援学校の各教科の目標および内容について、小学校等の各教科と同じ視点や手続きで見直し、育成をめざす資質・能力の3つの柱に基づき、双方の各教科の目標および内容を照らし合わせて、その系統性と関連性が整理されました。下図は「多様な学びの場」の連続性について示したものです。

　このように、**個別の教育的ニーズのある幼児児童生徒に対し、多様で柔軟な制度・仕組みのもと、最も的確に教育的ニーズに応えることのできる指導を行う必要があります。**

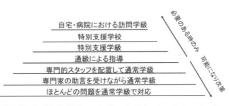

自宅・病院における訪問学級
特別支援学校
特別支援学級
通級による指導
専門的スタッフを配置して通常学級
専門家の助言を受けながら通常学級
ほとんどの問題を通常学級で対応

文部科学省「共生社会の形成に向けたインクルーシブ教育システム構築のための特別支援教育の推進（報告）参考資料4」より

▌ 管理職の心得

- 教育的ニーズに基づく長期的な視点で一貫した支援をする
- 多様な学びの場をつくり教育的ニーズに的確に応えていく

特別支援学級と通級指導教室の
特別な教育課程とは何か

　まずは、特別支援学級と通級による指導の教育課程編成の特例について確認しましょう。学校教育法施行規則138条には、「小学校、中学校若しくは義務教育学校又は中等教育学校の前期課程における特別支援学級に係る教育課程については、特に必要がある場合は、（中略）特別の教育課程によることができる」という規定があります。通級による指導については、同施行規則140条に「小学校、中学校、義務教育学校、高等学校又は中等教育学校において、次の各号のいずれかに該当する児童又は生徒（特別支援学級の児童及び生徒を除く。）のうち当該障害に応じた特別の指導を行う必要があるものを教育する場合には、（中略）特別の教育課程によることができる（後略）」という規定があります。

 ## まず「各教科等を合わせた指導」を確認する

　「各教科等を合わせた指導」とは、各教科、道徳科、外国語活動、特別活動および自立活動の一部または全部を合わせた指導のことです。特別支援学校に在籍する児童生徒の学校での生活を基盤として、学習や生活の流れに即して学んでいくことが効果的であることから、日常生活の指導、遊びの指導、生活単元学習、作業学習として実践されてきました。

　各教科等を合わせて指導を行う際には、各教科等で育成をめざす資質・能力を明確にしたうえで、効果的に実施していくことができるようにカリキュラム・マネジメントの視点に基づいて計画（P）、実施（D）、評価（C）、改善（A）していくことが必要であり、**児童生徒の知的障害の状態、生活年齢、学習状況や経験等に即して指導を進めます**。各教科等を合わせて指導を行う場合においても、各教科

等の目標を達成していくことになり、育成をめざす資質・能力を明確にして指導計画を立てることが重要です。

通級における自立活動の指導を確認する

　「通級による指導」とは、小学校、中学校、義務教育学校、高等学校または中等教育学校の通常の学級に在籍し、通常の学級での学習におおむね参加でき、一部特別な指導を必要とする児童生徒に対して、各教科等の指導は通常の学級で行いながら、障害に応じた特別の指導を通級により行う教育の形態のことです。

　指導にあたっては、特別支援学校小学部・中学部学習指導要領第7章「自立活動」に示す自立活動の6区分27項目の内容を参考とします。児童生徒一人一人に、障害の状態等の的確な把握に基づいた自立活動における個別の指導計画を作成し、具体的な指導目標や指導内容を定め、それに基づいて指導を展開していきます。

　指導は、障害による学習上または生活上の困難の改善または克服を目的に行います。その内容は、障害の状態に応じた特別の指導であり、単なる教科の遅れを補充する指導とは異なることに留意しなければいけません。

　「自立活動」は特別支援学校の教育課程において特別に設けられた領域であるため、内容は、すべての障害を網羅して大綱的に示されており、各教科等のようにそのすべてを取り扱うものではなく、**一人一人の児童生徒の実態に応じて必要な項目を選定して取り扱うもの**です。したがって、通級による指導で取り扱う具体的な指導内容については、児童生徒の実態を踏まえて27項目の中から選定して、それらを相互に関連づけて設定することが重要です。

管理職の心得

- ● カリマネの視点に基づいた教育活動を推進する
- ● 根拠法令や特別支援学校学習指導要領を確認する

特別支援教育 コーディネーターの役割 とは何か

　多様な教育的ニーズに基づいた支援等を行うためには、児童生徒にかかわる全教職員、保護者や関係者、専門機関等による情報共有やアセスメントが重要です。

　特別支援教育コーディネーターにはこれらの関係者をつなぎ、特別支援教育を推進させる役割があります。

役割1：学校内関係者や 関係機関との連絡・調整

⑴　**校内委員会の企画・運営**

　校内の特別支援教育の推進役として、校内委員会の企画・運営を担います。スクールカウンセラー等との連絡・調整役も担います。

⑵　**ケース会議の開催**

　ケース会議の計画を立てます。ケース会議の結果を校内委員会等で報告し、教職員間の共通理解を図ります。

⑶　**個別の教育支援計画・個別の指導計画の作成**

　個別の教育支援計画・個別の指導計画を作成する際には、各学級担任と連携することが、その後の活用に有効です。

⑷　**外部の関係機関との連絡・調整**

　巡回相談員や専門家チームとの連絡・調整が必要になった場合の窓口になります。センター的機能をもつ特別支援学校やその他の医療や福祉等の関係機関等との連絡・調整を行います。

⑸　**保護者に対する相談窓口**

　保護者からの相談について、学級担任とともに相談窓口の役割を担います。

役割2：各学級担任への支援

(1)　各学級担任からの相談状況の整理

　支援を要する児童生徒の情報を偏りなく多角的に聞き取り、各学級担任と一緒に、児童生徒を取り巻く状況の整理をしていきます。

(2)　各学級担任と共に行う児童生徒理解と教育支援体制の検討

　障害から生じる困難さの状況や行動等の背景・考え方、今後の対応への見通し、支援について学級担任と共有します。

(3)　進級・進学時の相談・協力

　個別の教育支援計画等を次の学級担任に伝えます。新旧の学級担任間で指導方針が異なることのないよう調整を行います。

 ## 役割3：巡回相談員や専門家チームとの連携

(1)　巡回相談員との連携

　巡回相談員の相談日、相談者の調整を行います。必要に応じて、巡回相談員の校内委員会への参加を求めることも必要です。

(2)　専門家チームとの連携

　必要に応じて、校内委員会で専門家チームの活用について提案を行います。依頼内容と理由等をまとめた資料も作成します。

役割4：児童生徒の実態把握と情報収集

　気になる児童生徒に気づいた場合や指導等に困難を感じた場合に、状況等を校内委員会が把握できる体制をつくるよう提案します。さらに、早期支援のための研修等の取組を提案します。

管理職の心得

- 特別支援学校のセンター的機能を活用し助言等を受ける
- すべての取組を校長と副校長、教頭で情報共有して進める

個別の教育支援計画と個別の指導計画の違い
を教えてほしい

　「個別の教育支援計画」は、長期的・分野横断的に児童生徒への一貫した教育的支援を行うために作成・活用する支援計画です。特別な支援が必要な児童生徒の望ましい成長を促すためには、学校だけではなく家庭生活、地域での生活という広い空間軸と、就学前から就労先までの長い時間軸とで捉えた一貫性のある支援が必要です。児童生徒の各ライフステージに応じて多くの関係機関が関与することから、個人情報の取扱について事前に保護者の同意を得ます。

　「個別の指導計画」は、児童生徒一人一人の実態に応じて、在籍校の教育課程を具体化し、指導の目標や内容、方法を明確にして、各教科等において適切な指導を行うために作成・活用する指導計画です。保護者に開示する必要はありませんが、家庭との連携に必要な内容は共有できるようにします。

　いずれも、児童生徒一人一人の教育的ニーズを的確に捉えるとともに、作成すること自体が目的とならないよう、日常的な活用と情報のアップデートが大切です。そのためにも、**支援の目標や具体的な支援内容が適切かどうかを適宜評価し必要に応じて改善を図っていくことが不可欠です。**

　特別支援学級や通級指導が行われている児童生徒の個別の教育支援計画や個別の指導計画作成は、学習指導要領で義務化されています。また通常の学級に在籍している特別な支援が必要な児童生徒で、通級による指導を受けていない場合でも、作成・活用に努めます。

作成の仕方のポイント

⑴　学校組織全体での情報共有ツールに位置づける

支援が必要な児童生徒が在籍している学級担任だけではなく、学校全体で統一した対応ができるように、情報を集約・共有するためのツールとして作成します。教員一人一人が児童生徒に対して独自に工夫しているような指導方法はありませんか。個人的に対応するのではなく、組織全体での支援内容となるよう情報を集約することが必要ですが、そのためのツールとして活用します。そして、毎回の校内委員会や生活指導会での資料にするなどして、教員の日常的に活用していく意識を高めます。

⑵　既成の分類基準を活用する

　児童生徒の実態を把握したり支援内容を検討したりする際は、就学相談等で使用している観察シートや「合理的配慮の3観点11項目」「自立活動の6区分27項目」等の分類基準を参考にすると、組織全体での情報が共有しやすくなります。また、学習活動を行う場合に生じる困難さに応じた指導内容や指導方法の工夫については、学習指導要領の各教科解説にも明記されており参考になります。

　学校独自の様式を作成する際は、あらかじめ設定した項目から選択したり、プルダウンで選択したりできるようにしておくと、実態把握の基準が明確になり、作成も容易になります。

個別の指導計画に記載する項目例

健康・情緒	対人関係	環境把握	学習	家庭環境	その他
	□生活指導上の配慮			□特別支援上の配慮	
□情緒不安定	□緊張・不安	□協応動作	□聞く	■不規則な生活	□不登校(傾向)
□攻撃的	□被害者意識	□過度な集中	□読む	□ネグレクト(放任)	□偏食
□衝動的	■一方的な会話	□抽象表現理解	□話す	□虐待的傾向	□アレルギー
□多動的	□状況判断	□吃音	□書く	□過干渉	( )
□注意散漫	□意図や感情理解	□発音不明瞭	□数の概念		□身体の障害
□順応性	□共感性	■語彙の不足	□言葉の意味理解		( )
■感覚過敏	□自分を表現	□	□推論・類推		
□不注意	□行動調整		■不器用さ		
■こだわりの強さ	■ルール理解		□状況判断		
□自分を否定的	□選択性緘黙		□		

当てはまる項目にチェックを入れたり、必要な項目を加えたりする。

管理職の心得

- 組織対応・情報共有のためのツールにする
- 横の広がり、縦のつながりで切れ目ない教育支援を意識する
- 全教職員が作成しやすい様式にカスタマイズする

特別支援学校の
センター的機能を活用する
とはどういうことか

特別支援学校には、小・中学校からの要請に応じて、児童生徒の
障害による学習上または生活上の困難を克服するための教育に関す
る必要な助言や援助を行う努力規定があります(学校教育法74条)。

一方の小・中学校には、特別支援教育に関する助言・支援に特別
支援学校を活用しつつ、児童生徒の障害の状態等に応じた指導内容
や指導方法の工夫を計画的、組織的に行うことが求められています
(小学校・中学校学習指導要領)。

心理や社会福祉に関する助言・支援にスクールカウンセラーやス
クールソーシャルワーカーを活用するように、特別支援教育に関す
る助言・支援には、特別支援学校の高い専門性を活用します。相互
の特別支援教育コーディネーターを窓口に活用を始めてください。

 6つのセンター的機能

センター的機能として、中央教育審議会「特別支援教育を推進す
るための制度の在り方について(答申)」(2005年12月)に次の6つが
示されています。

1 小・中学校等の教員への支援機能

2 特別支援教育等に関する相談・情報提供機能

3 障害のある幼児児童生徒への指導・支援機能

4 福祉、医療、労働などの関係機関等との連絡・調整機能

5 小・中学校等の教員に対する研修協力機能

6 障害のある幼児児童生徒への施設設備等の提供機能

教員への支援だけではなく、児童生徒への直接支援や保護者への
情報提供等、活用できる対象も幅広く、その時々の児童生徒の実態

に応じて、必要な機能をカスタマイズすることが可能です。

　また、センター的機能を活用している当該の学級や学年だけではなく、**学校全体で活用状況や支援内容を共有することや、特別支援学校の専門性を活用することの重要性を共有することも大切です**。

■ 具体的な活用例

⑴　児童生徒の集団行動観察

　通常の学級に「対人関係がうまくいかない」「安定して学習に取り組めない」等の困難さがある児童生徒がいたら、集団行動観察を要請してください。授業中や休み時間の集団生活での児童生徒の様子を直接観察してもらうことで、校内体制や学習環境、必要な支援ツール等、さまざまな視点から相談に乗ってもらえます。学期に１回や毎年１回等、継続して来校してもらって教員同士が顔の見える関係になると、教員からも悩みを相談しやすくなります。

⑵　個別の指導計画等の作成

　個別の教育支援計画や個別の指導計画作成の具体的な段取りや、保護者との共有方法について助言してもらいます。また、実際に助言を受けた内容をもとに校内研修会を企画して、講師として指導・助言を依頼することもできます。

⑶　保護者への情報提供

　就学相談を経て就学先に悩む保護者がいたら、保護者面談への同席を要請してください。特別支援学校での教育活動や合理的配慮の事例、地域資源にかかる情報など、直接伝えてもらいます。特別支援学校の教員からの具体的な話は説得力があります。

管理職の心得

- 教育活動の質的向上のための外部資源の１つにする
- 児童生徒の実態に応じて機能をカスタマイズする
- 所属教職員の専門性向上のためのツールにする

PART.
2

学校経営・運営

校内体制整備

教職員支援

保護者対応

学校経営方針や経営計画に
特別支援教育をどのように
位置づければよいか

　学校が特別支援教育に組織的に取り組むためには、学校経営方針や経営計画に特別支援教育についての基本的な考え方や方針を明示することが必要です。その責任者である校長には、体制整備はもとより、組織として十分に機能するよう、リーダーシップを発揮しつつ教職員を指導することが求められます。

　文部科学省「特別支援教育を担う教師の養成の在り方等に関する検討会議報告」（2022年3月）では、次のように示されています。

　　管理職（特に校長）は、学校全体の課題として特別支援教育が取り組まれるよう、学校教育目標や目指す教師像など学校経営方針や学校経営計画において特別支援教育に関する目標を適切に設定するとともに、各学校が行う学校評価の中核となる評価項目・指標としても必ず盛り込むこと。

経営方針等への
インクルーシブ教育の理念の反映

　学校経営方針や経営計画のなかに「共生社会の担い手を育むため、子どもが相互理解を深めることを目的として、すべての子どもが共に学び、共に育つ取組を推進する」というインクルーシブ教育の考え方を明示することが重要です。経営計画作成においてとくに念頭に置くべき事項として、次のような内容があります。

○**特別支援教育推進を明確にした経営ビジョン**（具体的な計画と組織的な運営）

○**学校全体での組織的な取組**（校内委員会の設置と特別支援教育コーディネーターの指名）

○適切な人材配置と専門性の育成（人材活用と人材育成）
○地域・保護者への説明責任（保護者の意向の把握と合意形成）
○関係機関との連携（引継ぎや情報共有と外部専門家の活用）

特別支援教育を位置づけた経営計画例

　学校経営方針に基づく学校目標、その具現化のための重点施策等に特別支援教育を位置づけた経営計画例として、次のようなものがあります。これは特別支援教育推進のために、関連する具体的取組と評価指標を抜粋して掲載したものです。

　3つの重点施策それぞれについて、特別支援教育の視点から何に取り組み、実践の結果を何によって評価し、どこまでを求めるかを明示することにより、実効性のある経営計画になります。

　経営計画の具体的取組については、**教員評価や学級経営案と関連させて定期的に達成状況を把握する**ことが有効です。これにより目標と方策に対する共通理解が促進されます。

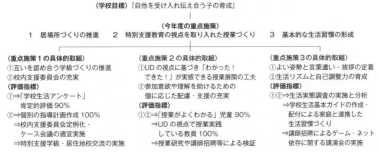

特別支援教育を位置づけた経営計画例

管理職の心得

● 経営方針にインクルーシブ教育の理念を明確に位置づける
● 経営計画で具体的取組と評価の一体化を明示する
● 教員評価・学級経営案と関連づけ計画達成状況を把握する

通常の学級に在籍する
特別な配慮を要する子どもの
実態把握をどう進めたらよいか

　配慮を要する児童生徒への適切な指導・支援のためには、的確な実態把握が必要です。実態把握のための既成のシートやチェックリストの活用ができますので、管理職がリーダーシップをとり、速やかに進めていきましょう。

　また、保護者に家庭での様子を伺う際には、まず通常の学級での適切な指導・支援を考えるために必要であることを伝え、信頼関係を築き、協力を仰ぐように心がけることも重要です。

実態把握の目的

　実態把握は、児童生徒の全体像を捉え、児童生徒が困っている状況を把握し、**適切な指導・支援を行うために**行います。ですから、障害の有無やできないことに注目するのではなく、「**できること**」「**ある条件の下ではできること**」「**好きなこと、興味のあること**」など、**指導・支援の手がかりを探す**ことが重要です。

実態把握の観点

　たとえば「『個別の教育支援計画』作成の手引き」(2007年、千葉県教育委員会)では次のような観点があげられています。

　　○本人・担任が困難に思っていること　◎それは、いつ、どこで、どれくらいあるの？　◎なぜ、そのことが起こるのか？（どんなとき？）　○本人の思い・願い　○保護者の思い・願い　○子どもの様子　◎コミュニケーションは？　◎指示を理解している・実際に行える？　◎学習面は？　◎家庭での様子は？（お手伝い・余暇・学習等）

◎好きなこと、得意なことは？　◎嫌いなこと・苦手なことは？

◎友だちは？（友人関係等）　◎運動面は？　◎その他

　また、学習面、行動面、社会性などの特性を把握するチェックリストもあります（文部科学省「児童生徒理解に関するチェック・リスト」参照）。

実態把握の手順と活用

　①**気づき**　担任からの訴え、あるいは引継ぎ資料などから配慮が必要であることを把握します。管理職も日常的に児童生徒の学校生活の様子を観察するとともに担任に実態把握を行うように指示します。また、必要に応じて専門家を要請します。

　②**実態把握**　実態把握の観点に基づき、学級担任あるいは主にかかわる教職員が行います。家庭での様子も把握します。

　③**校内委員会・支援の実践**　実態把握をもとに支援の方向性や具体的な方法について検討し、実践します。また、担任は、必要に応じて「個別の教育支援計画」「個別の指導計画」を作成し、指導します。管理職は支援内容を把握し校内での共通理解を図ります。

　④**支援の評価、再度の実態把握**　1ヵ月程度を目安に実践の結果を記録し、支援が有効かどうかを評価します。効果があれば継続し、問題があれば要因を検討し、チェックリスト等で詳しく特性を把握します。

　⑤**校内委員会での検討**　支援の評価を確認し、別の方法も含め、今後の支援について関係者間で定期的に共通理解を図ります。

管理職の心得

- できることに注目し支援の方向性が見える実態把握を行う
- 校内委員会では具体的支援の方法を確認できるように導く
- 実態把握を活用し、学校全体で組織的支援を行う

特別支援教育推進へ
校内体制を整備する
ポイントは何か

　特別支援教育がスタートした当初より、推進の要となる「特別支援教育コーディネーター」「校内委員会」の位置づけが重要であることが示されています。この2つの役割をただ位置づけるのではなく、しっかりと機能させ、困り感をもつ児童生徒の具体的な支援につなげることが大切です。

　児童生徒への支援は、小・中学校ともに最も身近な存在である学級担任が担うことが多いと思います。したがって校内体制の整備のポイントは、支援の中心となる**学級担任をしっかりと支え、フォローする体制をどう構築するか**にかかっていると言えます。

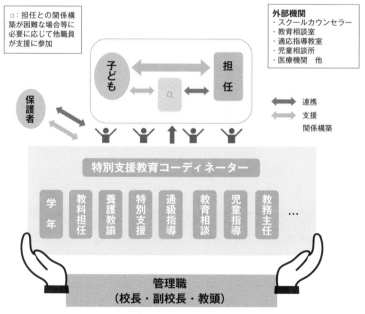

図　担任を支える校内体制

教職員の持ち味を最大限に発揮させる

　「特別支援教育コーディネーター」「校内委員会」の役割等については34・48頁でもご説明しています。左図では担任を支えている中・下段の囲み部分が特別支援教育コーディネーターを中心とする校内委員会にあたります。

　しかし、児童生徒数・教職員数などの学校規模や特別支援学級・通級指導教室の設置・未設置の状況、所属する教職員の専門性・経験年数等の資質・特性など、学校によって教育環境が異なるため、この2つの具体的な動きをマニュアル化することは困難です。

　では、校内体制を整備する共通のポイントとは何か。上述の学級担任への支援に加え、**コーディネーターと校内委員会のそれぞれを担う教職員のもてる力を存分に発揮させる**ことです。

　教職員一人一人が自分の持ち味や経験を生かしてできることを主体的に考え、その考えをもち寄り、皆で支援策を検討し、チームとして補い合って特別支援教育を推進できるように管理職は指導・助言します。「校内の支援体制充実のために自分ができることは何か」「配慮を必要とする児童生徒に対して自分ができる支援は何か」「児童生徒の支援にあたる担任に対して自分ができる支援は何か」など、主体性をもたせるようにします。足りない部分があったときには、管理職が窓口となり、外部のリソースの活用を探っていきます。

　学校組織の最大の財産は、教職員です。自校に所属する教職員一人一人の特性や得意・不得意を把握し、教職員が自分の持ち味や経験を生かし主体的にもてる力を発揮しようとする意欲と発揮できる場（環境）を整えることこそが、校長の最大の役割です。

管理職の心得

- 教職員一人一人を本校教育の推進者としてリスペクトする
- 教職員の持ち味などに目を向け期待を伝えて意欲を高める
- 足りない部分は外部資源を活用し教職員の負担を軽減する

校内委員会の役割と
効果的な運営の仕方
について知りたい

「校内委員会」の役割については「発達障害を含む障害のある幼児児童生徒に対する教育支援体制整備ガイドライン」(2017年3月、文部科学省)に次のように示されています。

○児童等の障害による学習上又は生活上の困難の状態及び教育的ニーズの把握。

○教育上特別の支援を必要とする児童等に対する支援内容の検討。(個別の教育支援計画等の作成・活用及び合理的配慮の提供を含む。)

○教育上特別の支援を必要とする児童等の状態や支援内容の評価。

○障害による困難やそれに対する支援内容に関する判断を、専門家チームに求めるかどうかの検討。

○特別支援教育に関する校内研修計画の企画・立案。

○教育上特別の支援を必要とする児童等を早期に発見するための仕組み作り。

○必要に応じて、教育上特別の支援を必要とする児童等の具体的な支援内容を検討するためのケース会議を開催。

○その他、特別支援教育の体制整備に必要な役割。

では、これらの役割・機能を果たすために、管理職としてどう効果的に運営していったらよいでしょうか。

■ 「共有」「検討」の視点で整理する

上述したように校内委員会の役割は多岐にわたりますが、「組織・体制」と「児童生徒への具体的支援」にかかる「共有」と「検討」が大きな視点です。整理すると次のようになります。

○共有すること（**年間計画〈年度当初及び年度末〉に位置づけ可**）

・特別支援教育の理念　・自校の特別支援教育の組織体制

・外部機関情報　　　　・対象児童生徒の概要

・推進体制にかかる課題と解決策（検討にも含まれる）　など

○**検討すること（年間計画への位置づけは困難）**

・児童生徒の具体的支援策、評価　・保護者との連携・対応

・外部機関への支援要請　など

　教職員の働き方改革が課題となっているなか、持続可能な形で特別支援教育を推進していくには、「**共有**」と「**検討**」の視点から**優先順位をつけて整理**していくことが大切です。足りないこと・本当に必要なことは何か、そのなかでできることは何かを考えます。

　さらに、児童生徒への具体的な対応策を検討する校内委員会（チーム支援会議等）は臨時的・緊急的に求められる場合が多いので、必要に応じて最優先で開催する方針を年度当初（１回目の校内委員会）に**全教職員で共通理解**しておくことも大切です。

「共有」「検討」のサイクルをつくる

　困り感のある児童生徒の実態と具体的支援策が教職員間に共有・実践されているかどうかで、校内委員会が効果的に運営され機能しているかが判断されるものです。対応策を講じてもすぐに改善が図れるケースは少なく、時には後退しているように見えることもあるかもしれません。関係する教職員が自分の経験や持ち味を生かしてできることを考え、連携して支援を実践することで教職員に必ず変化が生まれます。そして、その変化を共有（評価）し、次の支援策を考え実践する。共有と検討のサイクルをつくることが大切です。

管理職の心得

● 「共有」と「検討」の２つの視点から単純化する

● できることを皆で考え実践し将来の社会的自立をめざす

● 成果を急がず変化を見取り、持続可能な支援を展開する

校内委員会やケース会議を
充実させるための管理職の役割は何か

文部科学省から2017年3月に出された「発達障害を含む障害のある幼児児童生徒に対する教育支援体制整備ガイドライン」には次のように示されています。

> 校長のリーダーシップの下、全校的な教育支援体制を確立し、教育上特別の支援を必要とする児童等の実態把握や支援内容の検討等を行うため、特別支援教育に関する委員会（校内委員会）を設置します。

つまり、校長が中心となり教職員をまとめ、組織的に障害による困難のある児童生徒に対して、早期に支援していく体制をつくることが求められています。

まず管理職が校内委員会の意義を見直す

形式的に校内委員会を設置し、運営を委員に丸投げしただけでは意味がありません。どの子もとりこぼさないための仕組みの1つが校内委員会でありケース会議です。その本来の意義を管理職自らが確認し、進んでリーダーシップを発揮することが第一歩になります。

校内委員会は①児童生徒の障害による学習上、生活上の困難の状態や教育的ニーズの把握②支援内容の検討③支援後の評価や改善策の検討などが大きな役割となります。他にも、専門家チームの要請の検討、校内研修の企画立案、支援を必要とする児童生徒の早期発見の仕組みづくり、具体的な支援内容を検討するケース会議の開催などの役割があります。

年度当初から**特別支援教育を学校経営の軸の1つに据え、校内委員会の役割や意義を構成員以外の全教職員と共有し、他人ごとや人任せにしない学校風土を日常的に醸成していくことが重要です。**

校内委員会の組織づくりと組織運営

　校内委員会の設置については、各校の実情に応じて独立した新しい委員会として設置したり、生活指導部会など既存の組織を活用したりするなど弾力的に考えます。構成員の例として、管理職、特別支援教育コーディネーター、主幹教諭(生活指導主任・教務主任)、養護教諭、特別支援学級担任、担当学年主任や当該児童生徒の担任などがあげられます。学校の規模や実情を鑑み、支援体制づくりに必要な人選を考えて組織します。とくに特別支援教育コーディネーターには組織の中核を担える人材を据えて、**学級や学年での問題を迅速に集約して全体に共有化できる体制**にします。

 ## 効果的なケース会議の運営

　校内委員会の役割の中心となるのがケース会議です。支援を必要としている児童生徒に対し、具体的な支援内容や支援方法、合理的配慮、**支援にかかわる人の役割分担まで踏み込んで話し合いを深める**ことが大事です。そのためには、最終の支援目標(長期目標)と、明日からでもすぐに取り組める支援目標(短期目標)を決定し実践していきます。教職員だけではよい案が浮かばないケースについては、スクールカウンセラーや専門家チームなどの力も借ります。

　ケース会議では限られた時間内で有効に話し合いを進めるために、事前に会議の内容、対象児童生徒の実態や現在の困難さの状況、支援策の要望などの情報を共有したり、会議の終了時間の設定、議題の時間配分、ICTの活用などで効率的に会議を進めていきます。

管理職の心得

- 校内委員会の役割周知と人任せにしない学校風土を醸成する
- 学校の実情に応じて弾力的に校内委員会を組織する
- ケース会議では明日からすぐに実践できる支援策を決定する

障害に対応した環境整備をするために
教育委員会と
どのように連携すればよいか

　合理的配慮の提供にあたって、基礎となる環境整備が必要な場合があります。財源の確保や全体の体制整備が必要な環境整備については、管理職は学校の設置者(市町村・県教育委員会、私立学校)と相談して進めていきます。過度な負担にならない、できる限りの環境整備を行い、合理的配慮の提供に努めていきます。

基礎的環境整備の8観点と連携の例

⑴　ネットワークの形成と連続性のある多様な学びの場の活用

〈例〉通級指導教室や特別支援学級での学び

○　通級指導教室や特別支援学級で指導を受ける場合は、市町村の教育支援委員会での審議が必要です。保護者と相談しながら、丁寧に進めていくことが重要です。また、指導開始後は在籍学級や交流学級と連携し効果的な指導に努めます。管理職は個別の指導を受けている児童生徒を把握しておきます。

〈例〉特別支援学校センター的機能の活用

○　特別支援学校のセンター的機能として、専門家の巡回指導や教材の活用などがあります。必要に応じて活用しましょう。

⑵　専門性のある指導体制の確保

〈例〉新たな通級指導教室や特別支援学級の設置

○　障害種や支援を必要としている児童生徒の人数等を示し、今後の見通しと必要性を明確にして、管理職から教育委員会に設置を要望します。年度の前半期から動き、継続して要望していくことも重要です。教育委員会の整備計画等で検討されます。

⑶　個別の教育支援計画や個別の指導計画の作成等による指導

〈例〉該当児童生徒がかかわる外部機関と連携した指導

○　医療・福祉機関などの外部機関と情報共有や役割分担をします。はじめに管理職が連絡し、スムーズな連携につなげます。

⑷　**教材の確保**

〈例〉拡大教科書、音声教材の使用

○　教科書は教育委員会への届け出が必要です。児童生徒の実態に応じて適切な教材を確保し、合理的配慮を提供します。

⑸　**施設・設備の整備**

〈例〉階段昇降機、スロープ、多目的トイレの設置

○　管理職が教育委員会と相談し予算を確保して進めていきます。保護者からの要望を伺うとともに児童生徒の障害の状況を把握し、過度な負担にならない、できる限りの適切な環境整備を行います。できること・できないことを示し、保護者と協議します。

⑹　**専門性のある教員、支援員等の人的配置**

〈例〉支援員の配置、専門性のある教員の人事についての配慮

○　児童生徒の状況に応じて学校が行っている対応と、さらに人的配置が必要である理由を示して要望します。教育委員会に管理職が直接相談に行くことも有効です。

⑺　**個に応じた指導や学びの場の設定等による特別な指導**

〈例〉保護者の了解のもと、個別に取り出しての指導

○　管理職から保護者へ状況を説明し、了解のもと進めていきます。

⑻　**交流及び共同学習の推進**

〈例〉特別支援学級や特別支援学校との交流及び共同学習

○　交流先と打ち合わせを丁寧に行い、計画的かつ積極的・継続的に進めていきます。

管理職の心得

- **教育委員会にこまめに相談する**
- **過度な負担にならないできる限りの環境整備を進める**
- **保護者の思いを汲み取りながら誠実に対応する**

特別支援教育コーディネーターを活用するポイントは何か

　特別支援教育コーディネーター（以下「コーディネーター」）の役割には、校内支援体制づくり、学級担任への支援、保護者との窓口等々限りがありません。「誰を指名したらよいのか」「特別支援教育に明るくない方を指名してよいものか」と悩みます。そこで、私の拙い実践で大切にしていることをお伝えしたいと思います。

誰を指名するとよいか？

○必要なのは、特別支援教育に対する熱意

　コーディネーターには、何よりも**特別支援教育に対する熱意が必要**だと考えています。管理職として、面談等を通してコーディネーター候補者の考え方を把握し、特別支援教育の大切さとコーディネーターの業務内容（取り組んでほしいこと）を伝えます。近年は各大学で講義内容が工夫されていることから、若い特別支援学校教諭免許保有者には現在の特別支援教育に関する知識や経験があると感じています。そのため、そのような人材は年齢に関係なくコーディネーターとして指名することにしています。

○複数名を指名

　専任のコーディネーターを配置できない場合、担任業務等のほかにコーディネーター業務を行うことになります。これは大変なことですから、複数名を指名して役割分担させ仕事量を分散するようにします。複数での対応ができることからも効果的です。

　しかし学校規模により、複数名を指名できない場合もあります。その場合は、私たち**管理職が一緒に取り組まなければなりません**。つまり、管理職が特別支援教育について学んでいることが必要です。

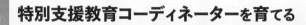# 特別支援教育コーディネーターを育てる

　コーディネーターに任せっぱなしにしないことが重要です。コーディネーターが特別支援学校を数年経験していても、特別支援教育の経験が少なくても、管理職はコーディネーターを育てる意識を持ち続ける必要があります。管理職がコーディネーターを「育てる」ことを大切にし、常にかかわることを意識したポイントをあげます。

○コーディネーターは早期対応の要。管理職も一緒に考える！
　・コーディネーターと担任（学年や校内で関係する教職員）と管理職と（ケース会議等、複数で）

○よく関係機関との連絡・調整（連携）と言われるが、校内関係者間の連絡・調整（連携）を一番に！

○アセスメントは重要！　アセスメントの活用も重要！
　・アセスメントの意味、内容
　　⇒支援を必要とする児童生徒の把握
　　⇒とくに大事にしたいのが、児童生徒本人の「自分はどうなりたいのか」「どうやっていきたいのか」という将来への「希望」、保護者の「希望」

＊　　　＊　　　＊

　支援とは、児童生徒だけでなく、保護者へも教職員へも行うことです。コーディネーターを育てることは、保護者や教職員への支援にもつながります。コーディネーターを育て、保護者と教職員へ必要な支援を行うためには、管理職の特別支援教育の専門性向上が大切だと考えます。

管理職の心得

- コーディネーターに特別支援教育への熱意を抱かせる
- コーディネーター育成は保護者・教職員への支援にもなる
- 特別支援教育の専門性向上が欠かせない

困りポイント **23**

幼小中高の連携や引継
の際の管理職の役割は何か

　児童生徒の就学、進級・進学の際、教育的ニーズに最も的確に応えられる多様で柔軟な「学びの場」を設定する必要があります。そこでの学びを最大限効果的なものにするには、大人が個別の教育支援計画や個別の指導計画を共有、連携、実践することが必須です。

　また、児童生徒の教育環境や生活環境は変化します。同じ大人が支援し続けられないので、個別の教育支援計画等を正確に引継ぎ、安定した支援により、望ましい変容を促すことが重要です。

 ## ライフステージで考える──幼稚園から小学校入学

　幼稚園児は、生まれ月による成長の差があります。また園ごとに、指導方針や内容等が異なり、身につけている力もさまざまです。よって、小学校生活に馴れるのに多くの時間を必要とします。アレルギーや偏食等、身体的配慮を要する場合もあります。それを園児・児童が言葉で説明する、意思表示するのはむずかしいことです。

　幼小の連携ポイントは、**情報の正確・確実な伝達**です。小学校入学後、新規な場所で、新規な大人に、新規な内容を教わることにすぐ馴染めない児童も在籍しています。連絡会の際に、学校側でスクリーニング的な質問を用意して、「この項目で心配が予想される子は？」など、**細やかで積極的な情報共有を行う**ことが大切です。

ライフステージで考える──小学校から中学校進学

　中学１年生は、大人が考える以上に、教科担任制や行事の規模、部活動などの環境の変化を不安に感じています。そのため、「教科

担任ごとのノートやワークなどの提出方法を学校全体で揃えます」「定期テストの受け方や評価方法は〇〇のように配慮します」のように、生徒本人が中学校生活をイメージでき、入学前に不安を取り除けるようにします。**学校全体での支援体制を構築し、小中連絡会を実施して、この時点で本人・保護者と合意形成する**ことが大切です。

ライフステージで考える
──中学校から高校進学パターン

　現在、配慮の必要な生徒の進学先も多様になっており、高等学校への進学希望のニーズに沿った個別の教育支援計画や個別の指導計画の作成が重要です。とくに、**配慮を講じ公正を保った定期テストやパフォーマンステストの受け方、評価方法の記載は必須**です。なぜなら、このことをベースとし、高等学校入試の際の配慮がなされるからです。また合格後は、**必ず中高連絡会を行うことや双方の管理職の連携、入学後も必要に応じた協力・支援体制を構築すること**が重要です（高校進学に特化して記述）。

本人・保護者の立場から考える
──全ライフステージ

　児童生徒本人・保護者は、ライフステージによって教育者や支援者が変わることを理解しています。ですがこのことが、時には不安となります。各ライフステージの切り替えの際は、個別の教育支援計画や個別の指導計画に基づき、「**成長を促した支援**」「**効果のあった支援**」を「**一貫性と継続**」の視点を持って引継ぐことが大切です。

管理職の心得

- 好スタートができる、後戻りせず一貫性ある連携をして引継ぐ
- 児童生徒・保護者が安心して期待できる体制で引継ぐ

外部機関等との連携時の
管理職の役割は何か

　特別な支援を要する児童生徒の健やかな成長のために、学校のみならず、外部機関との連携が不可欠です。連携にあたり、管理職として外部機関の役割を知り、特別支援教育コーディネーターが連携に向けて動きやすいよう働きかけることが大切です。教育と福祉と家庭をつなぐ「トライアングルプロジェクト」を例に説明します。

家庭と教育と福祉の連携

　2017年12月に文部科学省と厚生労働省による「家庭と教育と福祉の連携『トライアングル』プロジェクト～障害のある子と家族をもっと元気に～」において、障害のある子どもやその保護者が地域で切れ目なく支援が受けられるよう、家庭と教育と福祉のいっそうの連携を推進する方策が出されました。

　本プロジェクトでは、学校が作成した個別の教育支援計画をもとに、切れ目ない支援を行うために情報を共有し当該計画を活用しながら日常的に学校と保護者、外部機関等とが連携を図ることが求められています。こうした動きをつくるために専任の特別支援教育コーディネーターを位置づけるとよいのですが、多くの学校ではその任を管理職が行っているのが現状です。

　そこで、通常級に在籍する発達に障害のある児童生徒の特別支援学級転籍における具体的な事例で考えてみます。

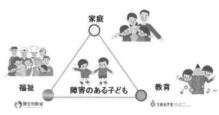

文部科学省「家庭と教育と福祉の連携『トライアングル』プロジェクト報告」より

特別支援学級転籍にかかわる連携

　まず、校内ケース会議を開き、児童生徒を支援している外部機関を把握し、個別の教育支援計画作成の準備をします。転籍にあたって、児童生徒の希望はもちろん保護者の同意があればよいのですが、理解を得られない場合も少なくありません。また、毎日の生活に追われ、わが子の養育に余裕がない家庭も珍しくありません。こうしたときは、**福祉にかかわる外部機関の力を借りる**ことが大切です。そのために、児童生徒の学校での様子や困り、学校の教育的な支援の方針を共有します。そのうえで、必要な情報を収集します。

　たとえば、放課後等デイサービスでの児童生徒の様子はもちろん、子どもの発達の何に特化している事業所なのか、また医療機関では、診療の頻度や服薬治療についても共有し、学校での様子と比べることでより効果的な治療の一助としてもらうことも必要です。

　保護者が児童生徒の学びの場を考える際、学校からの働きかけよりも福祉や医療に携わる人たちの意見が大きな影響を与えることがあります。このことからも福祉や医療とのつながりは大変重要です。また、児童相談所、家庭児童相談所による直接の支援が必要な家庭もあるでしょう。加えて、学びの場を決定する教育センターとの連携でも、検査や判定の前に、十分に児童生徒に関する情報や学校の教育的支援の方針の共有をすることは言うまでもありません。

　こうした、それぞれの外部機関と学校の一つ一つのつながりを点と捉え、その点を**管理職がリーダーシップを発揮してつなぐことで、児童生徒の支援に応じた適切な連携「トライアングル」が構築できる**のです。

管理職の心得

- ● **外部機関の役割や特長、強みを知る**
- ● **外部機関に学校の見方を伝え、味方になってもらう**
- ● **実態に応じ家庭・福祉・教育のトライアングルを構築する**

学校評価に特別支援教育を
どのように位置づければよいか

　特別支援教育の理念は、障害のある子どもたち一人一人の教育的ニーズを把握して、適切な指導・支援を行い、将来の自立や社会参加の力をつけていくことです。この考え方は共生社会の実現につながる重要な基盤となります。

　また、通常の学級でも特別な支援を要する子どもが増えており、すべての学校で特別支援教育を行っているという実態から、校長として学校経営の柱に位置づけ、適切に評価をする必要があります。自校の学校評価を例に説明します。

評価項目の設定、評価方法の検討

　本校の今年度の学校経営重点目標は「皆が認め合い、幸せになれる楽しい学校〜だれもが参加、自己肯定感UP 〜」です。特別支援教育の充実を図るために、キーワードとして「参加」「自己肯定感UP」と設定しました。この目標を具現化できたかどうかを測るため、評価項目を設定して学校評価アンケートを作成しました。

　作成にあたり「学ぶ力の育成・豊かな心の育成・健やかな体の育成・信頼される学校」の４つの領域について、①楽しさ②自己肯定感③参加④協働⑤家庭との連携の５つの共通評価項目で評価するように考えました（紙面の都合上、特別支援教育の充実を図る②自己肯定感と③参加の２つの評価項目についてのみ紹介します）。

　児童と教職員は自己評価し、保護者（地域）は児童の姿や教育活動全体の様子から評価することで、達成状況（意識調査）をつかもうと考えました。評価は、「よくできている」「できている」「あまりできていない」「できていない」の４段階としました。

〈評価項目〉

領域		自己肯定感	参加
学ぶ力の育成	児童	勉強してできることが増えましたか。	授業に自分から参加していますか。
	保護者	お子さんは学習において、自分のよさや成長を感じていますか。	お子さんは、授業に積極的に参加していますか。
	教職員	子どものよさを認め、力を発揮できる授業を心がけていますか。	全員が授業に参加できるよう心がけていますか。

領域		人権尊重 （自己肯定感）	GIGA スクール構想 （個別最適な学び・参加）
信頼される学校	児童	学校で、自分は大切にされていますか。	自分や友達のよさを見付け、さらに高めようとしましたか。
	保護者	学校は、子どもを大切にしていますか。	お子さんは、自分や友達のよさを見付け、さらに高めようとしていますか。
	教職員	子どもや保護者を大切にしようと心がけていますか。	道徳や命を大切にする学習を通して、自己肯定感を高めるよう心がけましたか。

※豊かな心の育成・健やかな体の育成については割愛しています。

 ## 意識のズレを比較する

　４段階の評価結果を点数化し、レーダーチャート等で表します。児童生徒、保護者、教職員の結果を比較し、意識にズレのあるところに課題があります。それをもとに、**学校組織の構築・教員の資質向上・児童理解の充実・特別支援教育への理解や啓発・外部の専門機関等との連携等を念頭に置き、特別支援教育を基盤とした学校経営に努める**ことが重要です。

管理職の心得

- **特別支援教育を学校経営の柱に位置づけ適切に評価する**
- **校長がリーダーシップをとって評価項目を精査する**

すべての教員が身につける
特別支援教育の専門性
には何があるか

　通常の学級は、多様な教育的ニーズのある児童生徒で構成されています。一人一人の違いを尊重し、相互に理解し合いながら学ぶことを通して、さまざまな人とかかわり、生き生きと活躍できる共生社会の形成の基礎となる資質を培う場の１つです。

　そのためにすべての教員は、インクルーシブ教育システム構築に向けて、特別支援教育に関する基礎的な知識・技能を有することが重要となります。すべての教員が身につけるべき特別支援教育の専門性について、Q&A形式で具体的にあげてみます。

 ## 個別の指導計画の理解

Q1　児童生徒の実態把握には、どのようなことが必要か。

A1　特別な支援を必要とする児童生徒の学習上または生活上の困難さについて基礎的な知識を身につけさせる。児童生徒の実態把握は、保護者や療育機関等関係機関からの情報収集、行動観察や諸検査等のアセスメントから行う。

Q2　個別の指導計画の作成はどうすればよいか。

A2　PDCA（作成・実施・評価・改善）サイクルを意識させる。児童生徒の実態に基づき指導目標を設定し、必要な指導内容や方法、具体的な支援の手立てを検討し、個別の指導計画を作成する。

 ## どの児童生徒にもわかりやすい授業づくり

Q1　ユニバーサルデザインの授業づくりの工夫は。

A1　指導法の工夫⇒学習の流れを示す（時間の構造化）、視覚化・

聴覚化などの教材の工夫（情報伝達の工夫）、誰もが参加できる授業形態の工夫（参加意欲の促進）をし、授業を展開する。

交流及び共同学習の理解と推進

Q1　交流及び共同学習の目的は。

A1　通常の学級に在籍する児童生徒と特別支援学級に在籍する児童生徒が共にふれ合い、共に活動する機会を積極的に推進するために実施する。交流及び共同学習は、日常的な交流など、相互のふれ合いを通じて互いの人格や個性を認め尊重し、豊かな人間性を育み、教科等の学習のねらいを達成する教育活動である。

Q2　交流及び共同学習を推進するには。

A2　意図的・計画的な実施に向け、障害のある児童生徒の参加を前提に、どのような学習環境の工夫や配慮が必要か、学習内容や方法について特別支援学級の担当教員と連携・協働して実施する。

校内組織の活用・連携

Q1　組織的対応の意識を高めるには。

A1　特別支援教育コーディネーターと相談・連携させ、校内支援体制について理解を深め、組織的対応を意識させる。

Q2　障害者理解教育を推進するには。

A2　特別支援教室（※東京都）や特別支援学級の児童生徒に対する理解を深めるため、領域や各教科等において、障害者理解教育のための学習を進める。

管理職の心得

- 個別の教育支援計画・指導計画の作成と活用を指導する
- 特別支援教育にかかる校内の支援体制を確立する
- 特別支援教育にかかわる教員の配置と専門性向上を図る

発達障害のある児童生徒が在籍する 通常の学級担任への支援を
どのようにすればよいか

　すべての教員には、特別支援教育に関する一定の知識・技能を身につけていることが求められています。とくに発達障害に関する一定の知識・技能は、発達障害の可能性のある児童生徒の多くが通常の学級に在籍していることから必須です。一斉指導のなかで個別の配慮をいかに組み込んでいくか、発達障害のある児童生徒へのかかわり方や対応、指導など、学級担任への支援を考えていきましょう。

障害特性の理解を促す

　発達障害のある児童生徒に適切な支援をしていくためには、担任が一人一人の困難さに気づき、その原因を把握し個々の実態に応じた配慮を工夫することが大切です。校長は教職員の発達障害への理解を深めていくため、**特別支援教育にかかる研修会を計画的に実施する**ことが重要です。研修会は外部講師とともに、特別支援教室巡回指導教員（東京都独自の人的支援）や特別支援学級担任に講師を依頼し、自校の児童生徒の事例をもとに指導を受けることが効果的です。

　実態の把握は保護者や関係機関からの情報や、WISCなどの諸検査等のアセスメントから行います。WISC等の検査のフィードバックの際には学級担任・スクールカウンセラー・特別支援教育コーディネーターを同席させ、複数で発達特性を把握・共有し、組織的対応・支援に生かしていきます。

合理的配慮の工夫を促す

　障害のある児童生徒に対する指導については、学習指導要領の各

教科の「指導計画の作成と内容の取扱い」において、学習活動を行う場合に生じる困難さに応じた指導内容や指導方法を工夫することが示されています。たとえば、教科書などの文字や文章を読むことが苦手で時間がかかる困難さがあった場合、文章を読みやすくするために拡大文字の資料を用いたり、振り仮名を付けたり音声読み上げソフトを活用して伝えたりするなど、児童生徒の障害特性に応じた支援を提供することが重要です。

　教科の目標や内容の趣旨、学習活動のねらいを踏まえ、「個別の指導計画」を作成し、**個々の児童生徒の困難さに応じた合理的配慮を工夫する**ことが大切です。合理的配慮は個別の指導計画を通して保護者と合意形成のうえで実施していきます。

■ 組織を活用して支援する

　通級による指導は、障害による学習上または生活上の困難を改善・克服し、在籍学級での適応を図るための教育形態です。学習指導要領の総則には、効果的な指導が行われるよう、各教科等と通級による指導との関連を図ることが示されています。

　このことから、通級による指導と各教科等における困難さに応じた指導内容や指導方法の工夫との十分な関連を図ることが大切です。そのためには校内委員会を通して、**在籍学級担任と特別支援巡回指導教員との情報共有・連携を定期的に行い、支援・指導の共有化を図る**ことが重要です。また、児童生徒の実態を校内全体で把握し、学級集団を離脱した場合などのかかわり方や支援方法などの校内の支援体制を構築していくことが必要です。

管理職の心得

- 特別支援教育にかかる研修会を計画的に実施する
- 校内委員会を核とした校内支援体制を構築する
- SC・SSW・巡回指導員等の人的リソースを連携、活用する

困りポイント **28**

通常の学級における
ユニバーサルデザインを
意識した支援をするポイントは何か

　どの子も生活や学びに参加できる環境（ユニバーサルデザイン）を創ることが、一人一人の充実した生活となり、成長を実現することにつながります。児童生徒の特性をよく理解し、適時・適切な方法での支援が望まれます。

 ## 支援の時期

　児童生徒は我々が思うよりも多くの不安や緊張を感じています。環境が大きく変わる時期はそれが顕著になります。

　とくに4月は新学年になって、新たな教室、担任、友達、学習にかかわります。不安や緊張で自己表現ができなかったり、不適切な行動で自信を低下させたりする児童生徒が多くなります。新入学ともなれば、さらにその傾向が大きくなります。

　担任や関係教職員には、児童生徒の緊張と不安を想像し少しでも低減できるような手立てを準備させることが大切です。

　たとえば、児童生徒が登校して着席するまでの行動。下駄箱の靴の入れ方、荷物の整理の仕方、椅子の座り方などがわかるような掲示を準備しておきたいものです。

 ## 日常の支援では

　日々の学習は、多くの児童生徒が習得しているであろう能力と暗黙の了解事項を活用して進められていきます。しかし、認知、記憶、

思考が追いつかなかったり、バランスが取れなかったりする児童生徒はどの学級にもいる可能性があります。そのため、視覚化・構造化・焦点化等のユニバーサルデザインの考え方を取り入れた支援を通して、そのような子どもにとってもあると便利な環境をつくっていくことが重要です。**すべての児童生徒が参加するための支援が必要です。**管理職として、ユニバーサルデザインの支援にためらいがある教職員を後押ししていきましょう。

特別な場面での支援

　学校には日常の生活や学習以外に、年に1度もしくは数回しかない活動があります。運動会や学芸会、保健行事などは、児童生徒に十分な経験がないため、不安や緊張を伴うことがあります。

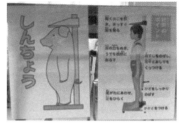

このような場で児童生徒が、教職員の説明や指示を理解して行動に移すことは簡単ではありません。事前の説明は大事ですが、当日の配慮が大変有効なことがあります。

　たとえば、運動会での徒競走のスタートの仕方を言葉で指示することがあります。陸上運動としての正式なスタイルではありませんが、児童生徒が一番注目しているスターターが身振りで示すことは理解しやすく安心できるものです。**注目ポイントに有用な情報があることは、多くの場面で有効となります。**

管理職の心得

- 児童生徒の困り感を理解し、適切な時期の支援につなげる
- ユニバーサルデザインの意識をすべての教職員にもたせる
- 児童生徒の成長が学校全体の意欲と落ち着きをもたらす

障害のある子どもへの支援で悩んでいる担任にどう支援するか

　年度始め、新しい学級の担任として名簿を確認します。受け持ちに障害のある子どもがいる場合、障害の種別、特性などの情報を把握し想像を張り巡らせますが、担任の不安は大きいものです。

　現在は、個別の指導計画による引継ぎを通して切れ目のない支援を充実させる仕組みが整ってきましたが、さまざまな課題が生じてもいます。こうした場合の担任への支援について述べてみます。

担任を支える体制づくりと管理職の一言

　特別支援教育では、指導・支援の充実を図るために、個別にR（実態把握）⇒P（計画）⇒D（実行）⇒C（評価）⇒A（改善）の視点を用いて対応を進めます。さらに、専門家等との連携、ケース会議を通した支援策の検討、校内研修会、全体授業研修会を通して担任が一人で悩まずチームで対応する体制基盤が必要です。

　また、本人・保護者から合理的配慮や要望を求められることがあります。対話による合意形成がなされることは言うまでもないですが、担任だけで即答させず、**管理職が立ちあい対話を繰り返す**ことで、信頼関係が深まることが多くみられます。そのために教職員への「困ったことがあれば速やかに相談をしてほしい」という日ごろからの管理職の一言が必要です。

担任の悩みへの対応

　学校生活では、行動面、学習面の問題や友達とのトラブルがしばしば起こります。担任は、授業崩壊・学級崩壊に発展するのではと

不安がよぎるものです。こうした場合、担任を一人で悩ませないための仕組みがケース会議です。大切なことは、子どもの困った行動を減らすための環境の見直しと、**いかに望ましい行動を増やすかという視点**です。ターゲットを絞り、担任の視点を変えてチームで取り組むと状況が変わることが多々あります。担任は日常的な疲弊感から子どもの困った行動に目が向きやすいですが、**管理職は俯瞰して捉えることができる**はずです。日ごろより学校内を参観し、子どものよいところやちょっとした変容を担任に伝えましょう。すぐに結果は出なくとも、困っている子どもの要因を探り、担任の傍らにいて、共に歩むことが、共に学び共に育つ子どもの姿となります。

■ 困っている子どもに寄り添う学級づくり、授業づくり

　教室には、特別な教育的支援を必要とする子どもがいます。そのなかには、授業をかき乱す言動をする最も担任が困る子どもがいます。しかし、担任には「困った」子どもではなく、「困っている」子どもであるという認識をもち、つまずきの要因を探り、子ども理解を深め、学級づくりや授業づくりにつなげましょう。こうした子どもへの対応がうまくいっている学級は、対話的で親和的な指導が行われており、学びやすさを優先した手立てが散りばめられています。

　すべての子どもが「わかった！　できた！」という授業づくりは担任の経験とエネルギーを要します。その一人の子どもを捉えようとするとき、他の子どもの学びや育ちが見えてきます。そう励ましながら、すぐに結果が出なくとも困っている子どもの要因を探り、**適切な支援を担任と模索する管理職の姿勢が問われている**のです。

管理職の心得

- 子どもの望ましい行動を増やす視点で支援策を考える
- チームで実態を把握し支援策を講ずる体制をつくる
- 日ごろより研修を通して教職員の知識と感性を磨き続ける

特別支援教育支援員等を
どのように活用すればよいか

　「支援員を自分のクラスにも配置してもらえませんか」「支援員がいてくれたら助かるのに」という教職員の会話は多くの学校で聞かれることと思います。それだけ、学校としては市区町村から配置される「特別支援教育支援員(以下「支援員」)」(市区町村によって名称が異なります)は、学校にとってなくてはならない存在です。

　2007年に特別支援教育を推進するために学校教育法が改正され、通常の学級においても、特別な支援を要する児童生徒に対して、適切な教育を行うことが明確に位置づけられました。これにより、障害のある児童生徒へ日常生活動作の介助を行ったり、発達に障害のある児童生徒への学習活動上のサポートを行ったりする「特別支援教育支援員」が誕生しました。2007年度から各行政が予算措置をして、学校に配置されています。2021年には学校教育法施行規則の一部改正により、正式に学校職員として規定されています。

 ## 「個別の指導計画」に基づいた組織的取組を

　本校でも支援員はなくてはならない存在になっていますが、課題も見受けられます。校内で教職員から聞こえる会話には「支援員さんと打ち合わせの時間が取れないから、私の意図を理解してもらうことがむずかしい」など、連携上の問題をあげている事例が多くあります。私は毎朝、各学級を巡回するようにしています。支援員の児童へのかかわりの様子を見ていると、児童へのアプローチの方法に課題を感じる場面がときおり見られます。

　しかし、逆に支援員の児童とのかかわりのよさを感じる場面も多くあります。担任がこまめに支援員と打ち合わせをしたり、支援員

もよく担任と相談をしています。そこでの共通点は、担当する児童の**個別の指導計画の内容をよく理解している**ことがあげられます。

　私がいる区で支援員を配置する際は、その児童の個別の指導計画の作成が必須です。その個別の指導計画を支援員が適切に理解することが大切です。そのためには、定期的に「校内委員会」を実施し、特別支援教育コーディネーターが主となって担任と支援員との連携状況を確認していく必要があります。校長として今現在の**校務分掌はどうなっているのか、連絡体制は適切なのかを定期的に確認する**ことで、より効果的な支援を行うことができます。

■ 特別支援教育支援員は「大切な人材」

　学習支援員は大学生等の若い世代の比率が高いです。今現在、教職に就いている方で、以前、特別支援教育支援員の職だった方も少なくありません。教職希望が減少するなかで貴重な人材です。

　「大切な人材」として、**学校全体で丁寧な対応を心がけていくこと**が重要です。また、支援員は教員が圧倒的多数の職場において、それぞれのかかわりも少なく、かつ少人数です。一人で心細く思っている方がいるかもしれません。

　本校では特別支援学級の担任が特別支援教育コーディネーターとして学習支援員と担任、副校長をつなぐ役割を担っています。情報伝達はICTのチャット機能も活用しながら効果的に進めています。

　校長として、人材の確保と適切な組織づくりは大変労力がいることです。「校務のDX化」が支援員活用の鍵の１つだと考えられます。ICTをより活用しながら縦と横の連携を進めていきましょう。

管理職の心得

- 「個別の指導計画」を基本とした指導を徹底させていく
- 「大切な人材」である支援員に一声をかける
- 「校務のDX化」を進め、組織的な仕組みをつくっていく

特別支援教育支援員等の
人的配置がない場合は
どのようにすればよいか

　管理職は、人材をやりくりして、少しでも児童生徒の安全と成長を実現するための努力をしていかなくてはなりません。これは多くの学校で共通する課題だと思います。

 ## 担任と担任以外

　特別支援教育支援員の人手が足りない状況では、校内の教職員（専科教員、養護教諭、担任学級が他の教員により授業中の教員、主事等）で対応していくしかありません。子どもが教室を飛び出したなどの緊急場面が生じる可能性の高い場合は、迅速に対応できるよう、職員室にこれらの教職員を待機させておきます。**授業以外の時間はできるだけ職員室にいる**ように全校で共通理解しておきます。

　そのうえで特別支援教育コーディネーターには、どこに、どのような場面で児童生徒の困難があり、どのような支援が有効であったかを集約させ校内委員会で検討するように指導・助言します。予測に基づいた効果的な対応方法を、全教職員の計画的な支援につなげられるようにしていきます。

 ## 保護者との連携

　配慮を要する児童生徒の支援において、保護者の理解と協力は欠かせません。学校や教職員が困っているのではなく、困っているのは子どもです。保護者も教職員も、その導き方に不安や迷いをもっているのは同じです。学級での子どもの不適切な行動の後に、保護者を呼びつけて叱っても子どもの困り感は解消しません。

保護者との面談では、担任は共感的に対応することが大切です。客観的な状況説明や具体的な対応の方針を相談する際には、養護教諭や特別支援教室（※東京都）教員、スクールカウンセラーなども場面に応じて同席させ、**担任とは異なる専門的な立場で伝える**とよいでしょう。

■ 教育委員会への要請

学校職員だけで実施がむずかしい場合には、教育委員会に支援のための人員を要請してみましょう。すぐには人員配置がむずかしいこともあるかもしれませんが、学校の状況を教育委員会に伝えることにもなりますし、**学校が日々の指導以外に子どものために動くというのは保護者との信頼関係を高める**ことにもつながります。

■ 外部人材の活用

学校は、外部の人材を導入することに消極的になりがちです。個人情報の流出や不適切な対応など、服務事故防止を考えると二の足を踏んでしまうこともあります。

しかし、指導者としてではなく年齢の近い相談役として、母親のように見守る立場としてなど、ボランティアが子どもの力になる場合は多くあります。**保護者、地域人材、退職した教員など多くの方とのかかわりを日ごろから大切に**して、必要が生じた際には信頼できる方に協力いただけるようにしておくことが重要です。

管理職の心得

- 予測と計画をもとに限られた人員での効果的な支援を行う
- 保護者との共感と相互協力、外部人材活用を重点に取り組む
- 子どもの成長実現は保護者、学校、教委の共通目標である

スクールカウンセラー、巡回相談員等を
有効に活用するにはどうすればよいか

　スクールカウンセラー、巡回相談員等の有効活用に関しては、校長をはじめとした教職員間の活用に対する意識の差の解消や、より相談しやすい体制づくりが糸口となります。

 ## 活用に対する教職員間の意識差の解消

　スクールカウンセラーや巡回相談員等について、有効活用ができていないと感じる理由の1つに、その役割や業務等が、教職員間で十分に理解や共有がなされていないことがあります。したがって、スクールカウンセラーや巡回相談員等に関する**年度始めの研修が、1年間の特別支援教育充実のカギ**を握っていると言っても過言ではありません。

　校内研修会等において校内特別支援教育体制とともに**スクールカウンセラーや巡回相談員等の役割や明確な業務内容、また、配置の目的等について全教職員が共通認識をもつ**ことが必要です。その際、文部科学省のホームページや、各都道府県教育委員会等から通知されているスクールカウンセラーや巡回相談員等派遣にかかる資料を活用することも有効です。

　また、スクールカウンセラーは守秘義務を有することの共通認識を図りつつ、普段から教職員とのコミュニケーションを密にしておく指導・助言も必要です。

　さらに学校組織の一員として活動を行うことから、職員室内に机の設置、学校経営方針に関する説明や資料配付、全校集会での紹介や学校だより等による保護者や地域への広報も欠かせません。

　こうした校内研修や手続き、広報等に関する確実な推進の要とな

るのが、特別支援教育コーディネーターです。ですから、特別支援教育コーディネーター指名や人材育成、指導・助言に関する校長のリーダーシップが欠かせないことは言うまでもありません。

■ 児童生徒や保護者が相談しやすい体制づくり

　相談しやすい体制づくりに欠かせないことは、管理職がいかに「つなぐ」かです。実際、「誰に相談したらよいかわからない」「これくらいのことでも相談していいのかな」と、相談に戸惑っている状況を目にすることがあります。

　そこでスクールカウンセラーや巡回相談員を有効活用します。たとえば、配慮を要する児童生徒の保護者、学級担任、養護教諭等とスクールカウンセラーや巡回相談員をつなぎます。さらには、スクールカウンセラーと巡回相談員双方による情報収集・見立て（アセスメント）や助言・援助（コンサルテーション）等の共有です。**それぞれの立場に配慮しつつ「つなぐ」ことが有効活用のカギです。**

　また、スクールカウンセラーや巡回相談員らの悩み等を引き出し受けとめることにも管理職としては心を砕きたいものです。そうした配慮により、スクールカウンセラーや巡回相談員等の機動的かつ柔軟な助言等を引き出すとともに、児童生徒や保護者が相談しやすい体制づくりにつながります。

　ここでも、特別支援教育コーディネーターが重要な役割を担っています。ですから、指名の際には、学校全体を見渡し、外部の関係機関とも円滑に調整・連携を行うことができる立場または資質能力を有する教師を充てる必要があります。

管理職の心得

- 年度始めの研修が教職員の意識の差解消を図る糸口となる
- 「つなぐ」配慮が相談しやすい体制づくりの糸口となる
- 学校の主体性がSC等の有効活用の糸口となる

特別支援学級と通常の学級との交流及び共同学習を進めるうえでのポイントは何か

　障害のある子どもと障害のない子ども、あるいは地域の障害のある人とふれ合い、共に活動する「交流及び共同学習」を進めていくにあたってのポイントを、時系列的に「(事前の)見通し」「(実際の)遂行」「(事後の)振り返り」の段階ごとに示していきます。

「見通し」段階におけるポイント（PDCAのP）

⑴　**学習の意味と必要性を共通理解できるようにしておく**

　子どもの実態や困り感、支援・援助の内容や方法、実際の授業の様子、成長ぶり等を通常の学級の教職員も含めた関係者が共通理解できる時間と場を設定し、「見える化」します。また、障害に関する人権課題解消等、学校としての重点課題を明確に示します。

⑵　**交流学習と共同学習のバランスに配慮する**

　交流学習は豊かな人間性育成を、共同学習は教科等のねらい達成を目的に実施されます。2つの側面を踏まえたバランスのとれた計画となっているかを確認し、必要に応じて修正を図ります。

「遂行」段階におけるポイント（PDCAのD）

⑴　**実の場を通して関係者の行動連携を強化する**

　学習活動を通してどのような資質・能力を育てるのか、関係者は具体的に把握してから携われるようにします。また、子どもが活動の価値に気づき理解できるよう、声かけを積極的に行います。

⑵　**遂行の過程を「見える化」する**

　指導は、目的に応じ、繰り返し行われたり、前に学習したことを

もとに次のステップに進んだりと、継続的に進められるものです。単に結果だけでなく、遂行過程にある子どもの小さな変化や成長に気づき、プロセス評価を積み重ねることで活動の強化を図ります。管理職から関係者への声かけの意味は大きいのです。

「振り返り」段階におけるポイント（PDCAのCA）

(1)　達成時数をもとに設定の妥当性と有効性を相互評価する

　特別支援学級の設置目的を考え、必要な指導体制を整えたか、交流及び共同学習の名目で単に通常の学級での指導が継続していなかったかなどを評価します。また、特別支援学級での授業については、原則として週授業時数の半分以上を目安に個々の障害の状態や特性、心身の発達段階等に応じた指導になっていたかを見極めます。

(2)　さらなる改善が必要な場面が存在していないかを探る

　年間計画等の実施評価、効果検証を行います。たとえば、

・個別の指導計画に基づく指導目標の達成状況は？

・指導者の役割が図られ、双方の子どもにとって有効だったか？

　場合によっては、関係機関のほか、行政区や校種を越える取組をコーディネートするなどの可能性も検討してみます。

(3)　関係者への評価に基づいた声かけを積極的に行う

　効果的な指導とするためには、関係者の役割意識と取組へのモチベーションの維持・向上が欠かせません。そのための評価と具体的な改善提案を行います。指導に携わる者が「やりがい」と「自尊感情」をもてるようにしていくのが管理職の役目です。

管理職の心得

● きめ細やかなPDCAサイクルを通して情報・行動連携する
● 実の姿を「見える化」し皆が成果を実感できるようにする
● 関係者へ取組の成果を評価した声かけを積極的に行う

特別支援学校との交流及び共同学習を行うポイントは何か

　2014年の障害者権利条約への批准、学習指導要領（解説）における「学校相互間の連携や交流」に関する明記等、相互に人格と個性を尊重し合える共生社会の実現に向けて、特別支援学校との「交流及び共同学習（居住地校交流）」は、今後ますます重要な役割を果たすものと考えます。

　このような状況において、「交流及び共同学習」についての共通理解や校内協力体制の構築について、いかに校長のリーダーシップを発揮していくかが、実施を推進していくうえでのカギになります。

「交流及び共同学習」の共通理解の進め方

　実施にあたり、「交流及び共同学習（居住地校交流）」についての共通理解は必須です。この際、文部科学省「交流及び共同学習ガイド」や各都道府県教育委員会による「交流及び共同学習（居住地校交流）の手引き」等が参考になります。これらをもとに、教職員に対しては、その意義やねらい等についての校内研修が必要です。また、自校の児童生徒が充実した活動を行うためには、インクルーシブ教育の観点から、活動を通して育成したい資質・能力についても関係教職員間で共有しておくとよいでしょう。一方、自校の児童生徒に対しては、交流のねらいに加えて、実際に来校する特別支援学校の児童生徒の障害についての正しい知識や障害のある児童生徒への適切な支援や協力の仕方等について、実態によっては自校教員に加えて、特別支援学校教員に説明してもらうことも有効です。

　さらに校長は、**自校の実態に応じた特別支援学校におけるセンター的機能（学校教育法74条）の効果的な活用の必要性を理解し、関**

係機関との連携を図っていくことも視野に入れておきます。

 ## 校内協力体制の構築

　体制の構築について、文部科学省「交流及び共同学習ガイド」では次のように述べられています。

　　教職員によって交流及び共同学習に関する理解や取組状況が異なることから、個々の教職員の取組に任せるのではなく、校長のリーダーシップの下、学校全体で組織的に継続して取り組むことが大切です。

　実際、同じ児童生徒を迎えるにしても、学年が進むにつれて担任の交代があったり、児童生徒や保護者が希望する交流内容・回数、交流の範囲等が変わったりします。交流の範囲の広がりによっては、児童会や生徒会の活動等に組み込むことなども考えられます。とくに、担任が交代という場合には、適切な引継ぎが行われるよう配慮する必要があります。

　一方、「交流及び共同学習（居住地校交流）」は、実際にはその年度の教育活動中に実施依頼をされることもあります。このような場合でも柔軟かつ継続的な取組を可能にするためには、校内研修や事例報告、それまで蓄積されたノウハウ等について学校内で共有していく工夫なども必要です。また、お便りやICTを活用した遠隔交流といった多様な実施形態による間接交流の工夫をしたり、直接交流実施の際には、全校児童生徒に対して来校児童生徒を紹介する場を設定したりするなど、**校長による、教職員と児童生徒が皆で試行錯誤しながら柔軟に取り組んでいける雰囲気づくりも校内協力体制構築のために大切にしたいもの**です。これらが「土日に遊ぼうって誘われた。待ちきれない」という姿につながります。

管理職の心得

- 共通理解を図るうえでセンター的機能も活用する
- 校内協力体制構築には皆で試行錯誤し柔軟に取り組む

障害者理解教育
を進めるうえでのポイントは何か

　たとえば、子どもが眼鏡をかけて登校する初めての日は、緊張や不安のある場合が多く、本人や保護者から学級や関係する児童、教師に「見守ってください」「必要に応じて周囲に説明してください」と申し出を受けたことがあると思います（これも**合理的配慮**です）。

　私たちが、個人に関する事柄やニーズに向かい合うためには、「**自分は大切にされている**」と実感できる生活を送ることで、他者理解の土台が形成されます。それは、**障害のあるなしや属性等にかかわらず、人権や尊厳が尊重され、考えや行動が認められている**ことです。これを根源として、障害者理解教育はもとより、共生社会の基礎が育まれ、諸課題を話し合って解決する力が身につきます。

　そのためには、教師側の学習内容の精選や指導力を高めることはもちろんのこと、同時に、児童生徒たちの心の土台づくり、理解、行動力を学校教育全体で育成するために、個を理解し、個を生かす集団づくりに対する、**教師の意識変容、多様性**が最重要となります。

 ## アンコンシャスバイアスとヒドゥンカリキュラム

　たとえば、片づけがゆっくりな児童に対し行動を促すために「みんな片づけ終わっているよ。早くしてね」とか、児童の発言を聞いたあと正しい考えに導くために間髪入れず「違う答えの人いますか」など、教師の無意識と思われる発言を聞くときがあります。いわゆる無意識の思い込み（アンコンシャスバイアス）による発言です。その言葉は児童生徒に「あの子は遅い子なんだ」と認識させ、本人は「私の考え方はダメなのかな？」と悩んだりします。また、「男の子は……、女の子は……」など、属性で枠づけする発言は、無意識の

決めつけや押しつけとなり、潜在的な雰囲気をつくり、狭い価値観を育て、偏りが生じ、多様性を失ってしまいます。

よって、**日ごろの教師の意図的・意識的な言動がいかに大切か**を管理職として指導していく必要があります。学習活動づくり・人間関係づくり・環境づくりを通した場の在り方や雰囲気で構成されるヒドゥンカリキュラムを学校全体の取組として実現していくことが重要です。

文部科学省「人権教育の指導方法等の在り方について［第三次とりまとめ］」（2008年）では、その例が次のように示されています。

【参考】隠れたカリキュラム（略）「いじめ」を許さない態度を身に付けるためには、「いじめはよくない」という知的理解だけでは不十分である。実際に、「いじめ」を許さない雰囲気が浸透する学校・学級で生活することを通じて、児童生徒ははじめて「いじめ」を許さない人権感覚を身に付けることができるのである。だからこそ、教職員一体となっての組織づくり、場の雰囲気づくりが重要である。

■ 個のニーズの理解と尊重、当事者性から

ある障害のある方が「『あなたも頑張ってパラリンピックをめざしなさい』と言われたことがあります」と語っていました。障害等、マイノリティへの理解を学習や体験活動等を通して行います。

しかしそれが、**全体の固定化したイメージにつながり**、「こうあるべき」「ねばならない」になってしまうと、個別のニーズを見失いがちになります。すべての理解教育の推進は、**当事者への理解、すなわち合理的配慮の実践と一人一人の異なるニーズへの理解、すなわち多様性への理解**が基本です。

管理職の心得

- 全児童生徒が「大切にされている」と実感できる学校生活を
- 合理的配慮を理解し、障害者理解教育の実践を

通常の学級と特別支援学級、通級指導教室との間で
授業研究や交換授業
をするポイントは何か

　特別支援学級の授業を参観すると、通常の学級こそ取り組まなければいけないことが多々あることに気づきます。つまり、特別支援学級の授業参観は、通常の学級担任にとって大切な研修となります。「個に応じた指導」の具体について知ることができるからです。

 特別支援学級による研究授業を研修の場に

○管理職が教職員に意識させるポイント

①指導案に載せた「個別の指導計画」について事前に説明

　・単元を通した子ども一人一人の目標

　・子ども一人一人の本時の目標、課題と手立て

　・子ども一人一人の自立活動に合わせた課題と手立て

　・支援担当者の役割

　授業前に「個別の指導計画」について、「子ども一人一人」を意識した説明を行います。

②授業後の話し合いが最も重要な研修の場に

　特別支援学級担任が伝えたいことと通常の学級担任が知りたいことをリンクさせること、「支援の量の違い」に目を向けて話し合うことは、「個に応じた支援」の必要性を実感できます。

　〈特別支援学級担任が伝えたいこと〉

　　○個別の指導計画とは　○子どもの「困り」に対する「指導上の工夫の意図」について　○支援の量の違いについて（個々の「支援の量」の違い、特別支援学級と通常の学級の「支援の量」の違い）　○知的特別支援学級の子どもの目標とは　○繰り返すことの必要性と大切さ　○授業のなかでの自立活動

〈通常の学級担任が知りたいこと〉

○個別の対応とは（準備も含めて）　○繰り返しとスモールステップの大切さについて　○教科の目標と個々の目標　○自立活動とは

さらに、「連続性のある多様な学びの場」と関連づけると、特別支援教育への理解が進むと考えます。

 ## 通常の学級と特別支援学級の担任が交換授業

交換授業は、特別支援教育・特別支援学級への理解が深まる、特別支援学級の児童生徒はより充実した授業を受けることができる、通常の学級の児童生徒は自分が感じている困難さに気づいてもらえる可能性があるなど、メリットをあげればきりがありません。

交換授業の充実に向けて、まず、できるところからスタートさせ、けっして無理な取組にせず、長く続けることが大切です。そのためには、組織として学校全体での取組（教務部や校内学びの支援委員会等の校務に位置づけ）にしていく必要があります。

そのうえで、たとえば、朝の時間を利用し15分間の交換授業を実施するなどの簡単な取組から行う、年に1〜2回、1ヵ月間くらいに集中させて実施するなど、負担にならないように取り組むことがよいと考えます。

これらの取組は、特別支援学級担任にとっても、教科学習について学ぶ、自分の専門性を生かすことができるなど、教師としての専門性を高めることにつながります。管理職は、そのことを意識していくことが最も大切です。

管理職の心得

- 特別支援学級の研究授業は話し合いまでマネジメントする
- 学校全体で取り組む組織をつくる
- 特別支援学級担任にとってのメリットも意識する

特別支援教育の
中核となる教師を育てる
ための管理職としてのしかけを知りたい

　特別支援教育を担う教師の専門性を向上し、質の高い教師集団を
つくるためには、教師の継続的な学びを支える研修・キャリアパス
等の仕組みが必要です（138頁参照）。そして、今後の特別支援教育
の充実には、推進役の中核となる教師の育成が重要です。

 ## 学校経営方針・計画への目標の明記

　学校全体の課題として特別支援教育が取り組まれるよう、学校経
営方針や学校経営計画に特別支援教育に関する目標を適切に設定し
ます。その際、特別支援教育を含めためざす教師像、学校評価にお
ける評価項目・指標を盛り込むことで、特別支援教育にかかわる教
師が明確な目標をもって主体的に職務にあたれるようにします。

 ## 教師が相互に学び合う工夫

　まずは、教師同士の職務上の交流を促進することが欠かせません。
学校によっては、特別支援学級の指導に担任以外の教師が関与して
いない状況もあります。また、特別支援学級と通常の学級の施設が
離れていて、児童生徒ばかりでなく教師同士も日常的に交流する機
会が少ない学校もあります。これでは互いに関心はあっても、どう
かかわり合えばよいか教師が躊躇してしまいます。その解決策とし
て、次のことが考えられます。

　⑴　**職員室における座席の工夫**　職員室に特別支援学級・通級の
教師の机と椅子を設置し、通常の学級の教師と児童生徒理解など職
務上の対話が活性するよう、座席を工夫します。

(2)　**発言の機会設定**　とくに期待する人材や中核となる教師には、特別支援教育に関する校内 OJT の講師・指導役はもちろんのこと、交流及び共同学習や行事等において通常の学級の児童生徒への全体指導などを担当させたりするなど、中心的な役割を担わせます。

(3)　**拡大支援会議の設定**　自校通級ではない場合、指導後の通級の教師による担任等へのフィードバックは連絡メモなどによることが多く、とくに経験の浅い担任は理解が断片的・局所的になることがあります。そこで、担任と通級担当教師による児童生徒の共通理解を深化させるために、長期休業中等に拡大の支援会議を設けるなどが考えられます。これにより通級担当教師が担任等の心強い助言者となり、互いの特別支援教育に関する専門性向上が期待できます。

■ 管理職の行動

- ・各教師が納得感をもって特別支援教育に前向きに取り組めるよう、各教師との積極的な対話を図る。
- ・日常から特別支援学級・通級教室に行き、教師に声をかける。自身の知識や経験が十分でないと感じている場合、担任に児童生徒の指導目標などを聞くなどしていく。
- ・キャリアに応じて校外における研修（off-JT）の受講を薦める。
- ・児童生徒についての実態理解に基づいた指導実践や当該児童生徒の成長・変容などを積極的に全教職員に話す。
- ・専門性向上に資する図書の購入や研修会参加の予算を計上する。
- ・特別支援学校教諭免許状の取得に向けた免許法認定講習等を学びの機会として薦める。

管理職の心得

- ● 学校の特別支援教育の目標を明確にもつ
- ● 全校で特別な支援を要する子どもにかかわれるようしかける
- ● 教師の学びを継続的に支える

管理職が
特別支援学級の授業を指導
する際のポイントは何か

　管理職は、「自己のもつ能力や可能性を最大限に伸ばし、自立し社会参画するために必要な力を培う」ことを理解し、一人一人の特性に応じた指導ができる教員を育成することが求められています。そのため、年に数回行われる授業観察は、校内の教員が授業力を切磋琢磨する場です。管理職として、その教員のよさを認めることはもちろんですが、特別支援学級においても「主体的・対話的で深い学び」の視点で授業改善をすることが求められています。子どもの反応から授業を客観的に分析し、指導することで、すべての子どもが楽しくてわかる授業の実践につながります。

 ## 子どもが「やってみたい」と感じられる導入に

　「やってみたい」「調べてみたい」と、子どもの心に「たい」を泳がせるためには、**学ぶことに興味・関心をもたせること**が大切です。そのためには、自分の問いをもち、解決の見通しをもてることが必要です。また、問いをもたせるためには、たとえば次のような手立ての工夫が授業で見られたかという視点をもって授業観察します。
　①驚きや発見のある資料提示
　②問いをもたせる体験的な学習
　③学習課題や学習内容を選択する学習活動
　④解決の見通しをもつ学習活動
　また、授業の終末で学習したことを振り返る活動を計画的に取り入れることが、次時への意欲づけにつながります。**子ども自身が1単位時間の学びを理解しているか、満足感や成就感を味わっているか**、子どもの表情やつぶやきなどから実態に応じて見取ります。

授業後指導は子どもの姿から何を学んだかを

特別支援学級においても「主体的・対話的で深い学び」を実現していくためには、管理職が授業の構成や教材の分析、指導技術などの在り方について、授業を通して指導する必要があります。

学校経営方針に基づいて、子どもにとって魅力ある授業になっているかを右のように客観的に分析する記録が必要になります。とくに板書を記録すること

授業観察シート

月	日	教科・教科等を合わせた指導 「単元名」			授業者			

分類	番号	評価項目	当てはまる	だいたい当てはまる	あまり当てはまらない	当てはまらない
全体を通して 1単位時間	1	教師が学習指導要領に基づき、「主体的・対話的で深い学び」をめざしている。	4	3	2	1
	2	児童・生徒の学びに向かう姿勢（話を聴く態度や姿勢）ができている。	4	3	2	1
	3	児童・生徒が学級全体に伝わる声（声の大きさ）で話している。	4	3	2	1
	4	児童・生徒が「何でも話せる」ような特別支援学級の風土がある。	4	3	2	1
	5	◎	4	3	2	1
導入	6	学習のねらいを児童・生徒に明確に示し、見通しをもたせている。	4	3	2	1
	7	授業的な資料提示や日常生活とのかかわりなど、教材・教具を効果的に活用している。	4	3	2	1
	8	児童・生徒の考えを引き出す発問の工夫をしている。	4	3	2	1
	9	自分自身の問題として捉えられるよう、主体的な学びを促すことにつながっている。	4	3	2	1
	10	◎	4	3	2	1
展開	11	児童・生徒が問題解決的な学習により授業が展開されている。	4	3	2	1
	12	机間指導により、児童・生徒のよさやその子の考えを把握している。	4	3	2	1
	13	個々のつまずきに対応している。	4	3	2	1
	14	対話の場（自己・教員と・児童と等）が設定され、児童・生徒同士が考え方に気付いている。	4	3	2	1
	15	◎	4	3	2	1

〈管理職からのコメント〉

〈板書写真、児童の様子の写真 添付欄〉

で、全体指導と個別最適な学びを両立させることが見えてきます。そのため、管理職が授業終了後に板書をタブレットなどで撮影しておくとよいです。**教員が一人一人の子どもの学びから振り返れるようにします。**

管理職として、教員を育成するためには、教員のよさを最大限に伸ばし、授業改善しようとする教員のモチベーションを高め、自ら教材研究をしていく姿勢をつくることが肝要です。

管理職の心得

- 子どもの「たい」が泳ぐ授業は、教員のやる気を喚起する
- 教員の授業のよさを認め、教員自身に意識させる
- 明日からの授業にプラスワンとなる指導方法を具体的にする

管理職が 通級指導教室の授業を指導 する際のポイントは何か

　ここでは、言語障害、難聴等に関する通級指導教室での指導は除き、発達障害を含む自閉症、情緒障害に関する通級指導教室での授業を指導する場合に絞ってポイントを述べます。拠点校方式による巡回指導の場合、在籍校の管理職にも授業観察とその後の指導が求められますので、ポイントを意識しておくことはとても重要です。

　週に数時間の授業をより効果的なものにするために、管理職が指導するべきポイントとしては、以下のようなものが考えられます。

■ 環境調整はできているか？

　通級指導教室に通う子どもは、小さな刺激にも強く反応してしまうケースが多く見られます。まず、**教室環境を整えることが大切**です。以下のような点について、配慮できているかどうかを指導しましょう。

　　○出入口、窓、照明、黒板などと机・椅子の位置関係
　　○行き届いた清掃と整理整頓による全体的な清潔感
　　○視覚的・聴覚的な刺激の除去または軽減
　　○掲示物や提示資料の色、字体、字の大きさ
　　○必要なものの取り出し、収納がスムーズに行える機能性

■ 子どもとの望ましい関係性はできているか？

　子どもが安全・安心に学ぶための最大の環境は「人」です。通常の学級での授業に比べて、圧倒的に指導時数が少ないなかですが、担当教員には**子どもの特性を十分に理解し、望ましい関係性を築く**こ

とが求められます。不十分な場合には、在籍学級担任や特別支援教育コーディネーター、保護者との連携を深め、関係性を築いていけるように指導する必要があります。

　また、グループ指導においては、子どもと教員の関係性を見極めたうえで、どの子どもをどの教員が主として支援するかを決めておくことなども重要です。

■ 子どもの課題に合った指導はできているか？

　通級指導教室は、「平穏無事に過ごせればいい場所」ではありません。子ども一人一人の課題解決に向けて、**毎時間意図的・計画的な指導をすること**が重要です。授業観察をする際には、前述した環境調整、子どもとの関係性を前提として、次のような視点が必要です。

　○子どもの自立活動の課題に合った指導計画になっている（活動や時間配分等）

　○学習のねらいと子どもの課題との関連性を理解させている

　○視覚的支援等もしながら学習の見通しをもたせている

　○子どもにわかりやすい言葉で指示、発問をしている

　○子どもが納得する評価（称賛・行動修正）をしている

　○活動、教材・教具を工夫し、指導の効果を高めている

　○子どもの状況を把握し、必要に応じて計画を修正している

　○振り返りの時間を十分に確保し、自己評価をさせている

　○子どもの様子を在籍学級担任や保護者に的確に伝えている

　以上、いくつかのポイントを示しましたが、まず大切なのは、**通級指導教室に足を運ぶ回数を増やすこと**ではないでしょうか。

管理職の心得

- 計画的な授業観察と的確な指導は、管理職の責務
- 管理職も子どもの課題を十分に理解しておくこと
- 対象となる子どもの課題に合わせた指導をさせること

通常の学級担任と特別支援学級・通級指導担当教員の連携
をどのように図るか

　通常の学級の担任のなかには、特別支援教育や障害児に対する知識や経験が少なく、具体的にどのように連携を図っていけばよいか困っている人も少なくありません。そんなときに、管理職として、どちらの立場も理解して丁寧に声をかけたり、有効なシステムをつくったりしていくことが大切です。2022年4月の文部科学省通知「特別支援学級及び通級による指導の適切な運用について」に原則として週の授業時数の半分以上は在籍する特別支援学級において授業を行うことが示唆されています。このことを踏まえ「個別の教育支援計画」「個別の指導計画」をもとに、共通理解を図ることが大切です。

　ここでは、特別支援学級と通級指導教室に分けて考えます。

■ 特別支援学級担任との連携

　「交流及び共同学習」を進めるうえで「交流会議」の形で行うことが大切です(76頁参照)。そのなかで、どのような連携が必要か具体的な要望や対応案が出てくるので、それを全体に広げていけばより豊かな連携が行われていきます。これがシステムとなります。

　また、連携を強めていくためには、常に連絡を取れる**関係や方法を構築していく**ことです。**児童生徒の情報を共有する**ことはとても大切です。そのために細かく打ち合わせをしたり、情報交換をしたりすることが必要ですが、忙しい業務のなかではなかなかむずかしいものです。簡単なメモ程度の**交流ノート等**で情報を交換していけば、伝え間違いや伝え忘れも防ぐことができます。当該児童生徒だけでなく、**他の子どもについても**気軽に相談できる関係が結べるように明るい声かけをしていくことが大切です。管理職は、「○○さ

んの様子は、どう?」「交流級で□□さんが活躍していたね」などと、どちらの教諭にも声をかけられるように普段から情報収集をしていくとよいでしょう。

　職員会議など、全教職員が集まる場で児童生徒理解の情報共有をすること、特別支援教育コーディネーターに情報を集約させることも連携のために重要なポイントです。

■ 通級指導教室担当教員との連携

　通級指導教室が校内にあるか、校外にあるかでその連携の方法はずいぶんと変わってきます。まず校内にある場合ですが、前述の特別支援学級担任との連携とほぼ変わりありません。しっかり情報を把握して、どちらにも負担のないようにしていくことが必要です。

　一方、他校通級の場合、通級での指導内容を共有し、在籍学級でそれをどこまで生かせるか、確認していくことがとても大切です。教室によっては、**通信ノート**などを準備しているところもあると思います。在籍級からも遠慮せず、学級での様子を知らせたり、指導に困っている点を連絡したりして、常日ごろからコミュニケーションをとっていくことが望まれます。保護者を間に挟むことで、**学校と通級と家庭とが三位一体**となって児童生徒にかかわれるので、とても有効な手段となります。校長として、このように助言するためには、**設置校の校長としっかりしたパイプ**をつくっておくことです。

　また、通級でどのような指導が行われているか知らない管理職も多いと思います。通級の教室環境や指導の様子を見学させてもらうと、より実感できるはずです。何事も人とのつながりが大切ですね。

管理職の心得

- 人と人とをつなげるシステムをつくり、チームで連携する
- 通級と在籍校の校長同士もつながる
- 「個別の教育支援計画」「個別の指導計画」の内容を把握する

特別支援学級や通級による指導の
教育課程を編成する
際のポイントは何か

　特別支援学級や通級による指導の教育課程は、通常の学級と同様に学校が編成し、校長が公印を押すこととなります。以下、教育課程を編成するにあたってのポイントを、時系列的に「(事前の)見通し」「(実際の)遂行」「(事後の)振り返り」の段階ごとに示していきます。

 ## 「見通し」段階におけるポイント（PDCAのP）

⑴　「どんな」資質・能力を育てるのかを明確にする

　まず、在籍する児童生徒一人一人の実態を多面的に把握しておくことが前提です。そのうえで、「個別最適化」や「学習の個別化」等を保障するために、育てたい資質・能力の具体化⇒焦点化⇒重点化を図っていきます。とりわけ、新たに就学・進学、転入する子どもについての情報連携を進めていくようにします。

⑵　「どのように」資質・能力を育てるのかを具体化する

　次に、学級・教室における指導は、人的・物的環境および教育課程の3要素によって成立することを念頭に置き、方法や形態を具体化させていきます。その際、作成してある諸シート、スクールカウンセラーや巡回相談員等の人的リソース、就学支援委員会等からの助言や知見を積極的に活用し、組織的な教育課程の編成に努めます。

 ## 「遂行」段階におけるポイント（PDCAのD）

⑴　遂行の過程を「見える化」し、子どもの成長を共有する

　指導は、目的に応じ繰り返し行われたり、前に学習したことをもとに次のステップへ進んだりなど、継続的に進められます。関係者

がこのことを念頭に、遂行の過程にある子どもの小さな変化や成長に気づきプロセス評価を積み重ね、足跡を確実に残すようにします。

⑵　年度途中の動向については当事者意識をもってキャッチする

　法や規則の改訂など国の動向に留意するとともに、設置校長会などで得た教育委員会からの情報を、当事者意識をもって把握します。それらを踏まえ、ユニバーサルデザインの視点からも、学校全体の教育活動に反映できるチャンスと捉えます。また、次年度予算の検討は、夏季休業日あたりから開始されることを念頭に、教育課程遂行に必要な経済的保障を得るための動きを早めに開始します。

 ## 「振り返り」段階におけるポイント（PDCAのCA）

⑴　達成実績を関係者で共有し、編成遂行の足跡を評価する

　効果的な指導となる背景に、関係者が役割意識をもち、意欲的に取り組んだことがあるはずです。関係者に対する評価を管理職は積極的に行います。それを支えに、次なる計画および実施に向けた指導・助言を行うことで、取組の継続と改善を図ります。

⑵　さらなる改善が必要な場合が存在しないかを探る

　以下のような点で改善が図られるべき内容がないか精査します。

・特別支援学級において実施する特別の教育課程には自立活動を取り入れているか

・自立活動の時間はもとより、学校の教育活動全体を通じて行うことを意識しているか

　特別の教育課程を編成しているにもかかわらず、自立活動の時間が設けられていない場合は、確保に向け再編成を検討します。

管理職の心得

● 育てたい資質・能力の具体化・焦点化・重点化を促す

● 人的・物的環境整備、そして予算確保への見通しをもつ

● 実の姿を通して子どもの成長を共有し、成果を評価する

特別支援学級でICT
をどのように活用するか

　特別支援学級でICTをどのように活用するか困ったときは、文部科学省「特別支援教育におけるICTの活用について」を参考にすることをお薦めします。特別支援教育におけるICT活用の視点や、障害の特性に応じた活用方法等が示されています。障害による学習上または生活上の困難さを改善・克服するためにICTを活用する視点は、自立活動の視点でもあり、個々の実態に応じて実施していくとよいでしょう。

　また、特別支援学校の学習指導要領で示されているICTの活用について理解することも大切です。特別支援学校との連携を図り、専門的な活用方法を学び、自校の特別支援学級でも試みましょう。

　障害の特性に応じた1人1台端末の活用により、児童生徒の「個別最適な学び」と「協働的な学び」の実現を図りましょう。

障害の特性に応じた1人1台端末の活用例

　発達障害の児童生徒については、読むことや書くことが苦手である場合があります。音読したり黙読したりすることが苦手な児童生徒については、読み上げ機能が有効です。また、文字を書くことが苦手な児童生徒については、書き込み機能の活用も考えられます。

　自閉症・情緒障害の児童生徒については、情報端末を活用してローマ字入力の練習、プログラミング学習、漢字の練習、四則計算、調べ学習等で活用することができます。また、デジタル教科書を活用した実践も効果的です。

　知的障害の児童生徒は、言葉を聞いたり文字を読んだりしたことを理解することに困難さがあります。そこで、理解がむずかしい事

項を視覚化することによりわかりやすく工夫されたアプリケーションの活用が有効です。また、計算や漢字などを段階的に練習するドリル式のアプリケーション等も効果があります。

　肢体不自由の児童生徒には、意思の表出を補助し、他者と触れ合う機会を提供できるとよいでしょう。たとえば、キーボードやマウスを使えない場合には、スクリーンキーボードなど文字入力を支援する機器を活用するとよいです。また、情報端末を活用し、特別支援学校とオンラインによる交流授業を行った実践もあります。遠隔合同授業により、多様な考えや意見に触れることができます。

　弱視の児童生徒には、視覚情報を見やすいサイズやコントラストに変換することが有効です。たとえば、タブレットの拡大機能、白黒反転機能により、画面が見やすくなります。また、フォント変換機能を使って見やすいフォントを選択する方法もあります。その他、タブレットのカメラ機能を使って板書や細かいものを撮影することにより、見やすくなります。

　難聴の児童生徒には、その困難さを補うために、視覚的に情報を獲得しやすい教材・教具やその活用方法等を工夫する方法があります。たとえば、文字変換ソフトを活用し、話し手の発話を音声認識させ、文字を情報端末に表示させる方法があります。授業中の発話の「見える化」により、授業内容の理解につながります。

　病弱・身体虚弱の児童生徒については、情報端末を活用し学校と自宅や病院等をつなぎ、同時双方向型の授業配信を行うことにより、学習の機会を保障することができます。また、情報端末を使って録画した授業をオンデマンドで視聴したり、自習教材を活用したりすることにより、体調に合わせて学習を進めることができます。

管理職の心得

- 「個別最適な学び」と「協働的な学び」を実現しよう
- 障害の特性に応じた情報端末の活用について研究しよう
- 特別支援学校との連携を図り専門的な活用方法を学ぼう

特別支援学級における
「主体的・対話的で深い学び」
の授業とはどのようなものか

　特別支援学級においても、一人一人の障害の状態等に留意しながら、**単元や題材など内容や時間のまとまりをどのように構成するかを考えることで、「主体的・対話的で深い学び」が実現できるよう取り組んでいく必要があります。**「主体的・対話的で深い学び」は、2017年告示の学習指導要領で授業改善に取り組む視点として示されました。詳しくはそちらを確認していただくとして、ここでは実践例をあげながら概要を説明していきます。

主体的・対話的に学ぶ単元・授業づくり

　単元や授業の内容や活動、扱う題材等が興味・関心をもてるものであり、理解しやすい授業内容や題材であれば、児童生徒は自分から学習に取り組み始めます。たとえば、特別支援学級でよく取り組まれる実践に、「お店屋さんになろう」の単元があります。児童生徒は店員になっていろいろな物を売ったり、お客さんになって好きな物を買ったりして、生き生きと楽しみながら、金銭の大切さや必要性、人との接し方など、個々の課題に取り組みます。

　このとき、**児童生徒が主体的に学習に取り組めるようにするためには、学習を見通す場面、振り返る場面を単元のどこに設定するかが重要となります。**学習を見通すことで粘り強く取り組め、振り返ることで自分の学びや変容を自覚できるからです。

　授業でも、学習の流れを示したり本時の

イメージ

目標を立てたりすることで、児童生徒は何を学ぶのか見通しをもつことができます。そのことが、振り返りで、何を学んだか、課題解決に向けてどうすればよいかなどをより具体的に考えられることにつながります。

　同じように、**児童生徒が対話的に学習に取り組めるようにするためには、意見交流や話し合いをする場面を単元や授業のどこに設定するかが重要となります。**友達と協働して問題解決に取り組んだり、意見を聞いてヒントを得たり、教員の発問に対する答えを考えたりするなどのやりとりを通して、自分の考えを広げたり深めたりできることが大切です。

イメージ

■ 深い学びをどうつくり出すか

　学びの深まりをつくり出すためには、児童生徒が、課題を「自分ごと」として捉え、課題解決に向けて考える場面をどのように設定するかが重要となります。「お店屋さんになろう」の単元なら、人との接し方などについて課題を指摘されたとき、児童生徒が学習活動や生活場面の様子などを思い出すなどして、どうすればうまくいくかをさまざまに考えられることが大切です。

　また、深い学びは、その場限りの学びではなく、他の場面でも活用できる学びだとも捉えられます。この単元で学んだ後、児童生徒が、家に帰ってからも自分で買い物をすることができたなどの広がりがあれば、深い学びを得ることができたと言えるでしょう。

管理職の心得

- ●「主体的・対話的で深い学び」は授業改善の視点である
- ● 単元に見通し、振り返り、対話等の場面を設定する
- ● 深い学びは生活に広がる学びである

困りポイント **44**

障害のある外国人児童生徒、医療的ケアの必要な子どもへの配慮をどうすればよいか

　近年、障害のある外国人児童生徒および医療的ケアの必要な子どもは年々増加傾向にあり、当該児童生徒の特別支援教育に対するニーズも高まりつつあります。

障害のある外国人児童生徒への配慮

　1点めは、**多角的な情報収集による実態把握**です。まず、障害の種類、程度はもちろんのこと、社会的・文化的な背景や日本語の習得状況を把握する必要があります。日本語の習得状況については、家庭環境や生活経験の不足が大きく影響しているのか、障害に起因するものなのか可能な限り見極められると、その後の指導・支援（特別支援学級および通級による指導、日本語指導補助者・母語支援員の活用など）が円滑に進みやすくなります。そのためには、発達検査の結果の把握や、保護者および前任校、出身就学前施設、療育機関等からの丁寧な引継ぎが欠かせません。

　2点めは、**きめ細かい指導・支援体制の構築**です。校内委員会等において、本人や担任の困りを共有し、特別支援教育支援員等の配置について検討するほか、日本語指導や通級指導教室の担当者など専門的立場からの助言を受けながら、有効な指導・支援の手立てを話し合い、校内で共通理解をしていくことが必要です。

　3点めは、**保護者に寄り添う姿勢と丁寧な情報提供**です。わが子が「外国人であること」と「障害があること」により、当該児童生徒の保護者は孤立しやすい状況に置かれています。保護者自身が日本語でのコミュニケーションがむずかしい場合もあります。たとえば、他の保護者とつながれるようPTAの協力を求めたり、視覚的にわ

かりやすい情報発信を工夫したりすることが考えられます。

 ## 医療的ケアの必要な子どもへの配慮

　2021年9月に「医療的ケア児及びその家族に対する支援に関する法律」が施行されました。同法律に基づき、当該児童生徒が医療的ケア児でない児童生徒と共に適切な教育を受けられるよう、管理職として最大限の配慮をしていく必要があります。そのポイントを2点あげます。

　1点めは、**看護師等との情報共有と緊急時の教職員の役割分担**です。医療的ケアは、看護師等が行い、教職員がそれをバックアップすることになります。そのために、管理職はまず教職員に対して医療的ケアを学校で行う教育的意義や必要な衛生環境についての理解を促すとともに、日常的に看護師等と教職員とが情報共有できる体制を整え、緊急時の役割分担を明確にしておく必要があります。

　2点めは、**他の児童生徒への理解啓発**です。医療的ケアの必要な児童生徒は、医療器具等を身に着けている場合が多く、安全への配慮が欠かせません。一緒に学校生活を送る児童生徒に対しては、当該児童生徒の安全と命を守るために、絶対にしてはならないこと、配慮すべきことなどについて、本人および保護者の同意のもと、管理職自らが全校あるいは周囲の児童生徒に話をすることが大切です。また、医療的ケア児本人が劣等感を感じたり、いじめや不登校につながったりすることがないよう、学校生活全般において人権教育を進め、共生社会の実現をめざしていくことが求められます。

管理職の心得

- 多角的な情報収集による実態把握に努める
- 他の児童生徒への理解啓発は、管理職自らが行う
- 保護者のニーズを捉え、学校として何ができるかを考える

困りポイント **45**

巡回による通級の指導
を行ううえでのポイントは何か

　文部科学省の調査(2012年12月)によると、通常の学級に在籍する発達障害の可能性のある児童生徒は、小学校で7.7%、中学校で4.0%となっています。また、2016年5月には、発達障害者支援法が改正され、発達障害児が特性を踏まえた十分な教育が受けられること等が規定されました。通常の学級で学びながら、必要な指導を受けられる通級指導は、増加の一途を辿っています。通級指導の形態も各地で工夫されており、担当教師が児童生徒の在籍する学校を巡回して、通級指導を行う形態も増えてきています。

 ## 巡回指導の利点

　児童生徒が指導を受けるために、他校に移動することなく、在籍校で受けられることは、児童生徒や保護者にとって、移動時間や労力など、かなり負担の軽減となります。また、通級指導担当教師にとっては、対象となる児童生徒の在籍学校での様子の把握が容易であり、担任や保護者とも連携を図りやすくなります。さらに、通級指導を各学校で行うことから、通級指導を実際に見てもらったり、指導や支援について話し合ったりするなど、その学校の教職員の特別支援教育に対する理解を推進することにもつながります。主な利点は次の通りです。

　　○児童生徒の移動時間や移動手段の負担が省ける。
　　○学級担任や保護者と、通級指導担当者が連携を図りやすい。
　　○通級指導担当者が在籍校の児童生徒の状態を把握しやすい。
　　○通級指導の内容を在籍学級で一般化しやすい。
　　○学校全体で特別支援教育に対する理解が深まる。

巡回指導の配慮事項

　指導を受ける児童生徒にとって利点の多い巡回指導ではありますが、管理職としては、担当教員の育成や人事管理を計画的に行う必要があります。巡回指導を行う際には、その教員に対して兼務発令を発出していることが多いと思われます。しかし、巡回指導を行う教員の他校での勤務状況の把握や、教員の計画的な育成等、自校にいる教員とは異なる配慮が大切です。

○**通級指導担当教員の育成**　研修時間の確保や、指導への助言など、自校に居る時間が少ない教員の育成は、研修時間の確保や指導・助言など、OJTを活用し、計画的に実施する。

○**通級指導担当教員の勤務に関する諸条件の明確化**　巡回指導する際の移動手段や移動時間の把握や、巡回校での指導状況等、巡回先の管理職と連絡を取り合う。

○**校内の教職員の理解推進**　通級指導担当教員の職務内容について校内で理解を深める。巡回指導を受ける学校の管理職としては、指導が円滑に行われるように校内の体制を整える。

○**巡回による通級指導の体制の整備**　通級指導を実施する場所や時間を確保する。また、指導の対象となる児童生徒の共通理解を図る。通級指導担当教員との連携を図るためのキーパーソンを明確にする。

○**校内の特別支援教育体制の整備**　通級指導が児童生徒の学校生活のなかで生かされるよう、全児童生徒および教職員、保護者の通級指導についての理解を深める。

管理職の心得

- 巡回指導を行う際のメリットをよく理解する
- 巡回指導を受ける場合、校内の理解を深め連携を推進する
- 巡回指導教員の育成を図るとともに、人事管理も明確にする

自立活動の指導
とはどのような指導か

　自立活動は、障害による学習上および生活上の困難を改善・克服するために設けられた特別な指導領域です。各教科等において育まれる資質・能力を支える大事な役割を担っています。自立活動の内容は、人間としての基本的な行動を遂行するために必要な要素と、障害による学習上または生活上の困難を改善・克服するために必要な要素で構成され、**6区分27項目**にまとめられています。

　6区分は、健康の保持・心理的な安定・人間関係の形成・環境の把握・身体の動き・コミュニケーションに分類されます。

実態把握〜課題整理〜目標設定
──指導までの流れⅠ

　「流れ図」が、「特別支援学校学習指導要領解説 自立活動編」に示されています。この流れ図を使用することで、実態把握から具体的な指導内容を設定するまでのイメージがつかみやすくなります。

　プロセス1　実態把握 『①情報収集』を行い、対象となる児童生徒の情報を集めます。**子どもの姿を多面的につかむことが大切です。**担任のみでなく、子どもにかかわる複数名での把握からわかる情報を収集します。次に『②情報整理』を行います。①で収集した情報を6区分に即して整理します。全体像を捉えた整理が大切で、障害名から特定の指導に偏ることがないよう注意が必要です。さらに、学習上または生活上の困難の視点でも情報を整理します。これまでの学習状況等を踏まえ、困難さだけでなく、できることも含めて行います。最後に、将来の姿の観点からの整理です。卒業までにどのような力をどれだけつけるのか、イメージをもって想定します。

プロセス2　指導すべき課題の整理 対象となる児童生徒の実態把握ができたところで、『③実態把握からの課題抽出』を行います。②で整理した情報のなかから、課題となることを抽出します。課題は「できること」「もう少しでできること」「援助があればできること」「できないこと」を明らかにし抽出します。次に『④中心的な課題の決定』を行います。③で抽出した課題同士がどのように関連しているかを整理し、中心的な課題を導き出します。

プロセス3　指導目標の設定 中心課題が決定したら、課題同士の関係を整理するなかで、『⑤指導目標の設定』を行います。**学年等の長期的な目標とともに、当面の短期的な観点に立った目標を定める**ことが効果的です。

項目選定〜関連付け〜指導内容設定
──指導までの流れⅡ

プロセス4　項目の選定 ⑤で設定した指導目標を達成するために『⑥項目の選定』を行います。必要な項目を6区分27項目のなかから選定します。

プロセス5　項目の関連づけによる具体的な指導内容の設定 ⑤で設定した指導目標を達成するために『⑦項目間の関連づけ』と『⑧具体的な指導内容の設定』を行います。自立活動の指導の効果を高めるため、対象児童生徒が興味をもって主体的に活動し、しかも成就感を味わうことができるようにすることが大切です。

こうしてできた指導目標・指導内容を**自立活動の時間だけでなく、学校の教育活動全体を通じて行い、**児童生徒個々の障害による学習上または生活上の困難を改善・克服していきます。

管理職の心得

- 長期的・短期的な観点から指導目標・指導内容を設定する
- 児童生徒個々の実態を組織的に把握して指導計画を作成する

保護者への理解啓発
をどのように進めればよいか

　2007年度より特別支援教育がスタートし、学校等においての特別支援教育の理解と校内支援体制および合理的配慮等への対応が進んでいます。ここでは、インクルーシブ教育システムの構築について事例をもとに述べるとともに、障害のある子どもの保護者および周辺の子どもの保護者の理解啓発活動について紹介します。

インクルーシブ教育システムの構築

　特別支援教育を推進していくことは、障害のある子どもへの教育に限らず、すべての子どもが安心して楽しく学校に通い、学びを深め、互いのよさを認め合う力を育むという根底が必要です。その実現の方策としてイ

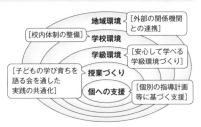

インクルーシブ教育システム構想図

ンクルーシブ教育システムを構築して取り組むことが求められます。その**システムを活用し、つなぎ、機能させる**ことです。

　その具体例として、①特別な教育的支援を必要とする子どもへの個に応じた指導・支援②特別な教育的支援を必要とする子どもを包容するさまざまな認知特性に応じた授業づくり③互いのよさを認め合い安心して過ごせる学級環境づくり④教職員の理解と指導力を高めるための研修会や担任が一人で悩まず組織として対応するためのケース会議などの学校環境づくり⑤関係機関などの専門家等の支援をつなぐ地域環境づくりを行うことがあります。この地域環境づくりの１つが保護者への理解啓発です。

理解啓発としての学校要覧・学級要覧・面談

　学校には、診断を受けている子どもの保護者だけではなく、診断等はないけれど特別な教育的支援を必要とする子どもの保護者も就学および学校生活の適応に大きな不安感を抱いています。

　事前の就学相談では、学校目標等に基づき、特別支援教育の体制や相談窓口である特別支援教育コーディネーターの名前等を学校要覧に明記し、つながる方法を示したいところです。また、特別支援学級に入級を希望する場合については、特別支援学級の学級要覧を作成し説明することも望まれます。資料に学校の教育目標や特別支援学級の経営目標、個に応じた教育課程、教育内容を明記することは、家庭に帰られても理解を深められる方法です。

　日々の学校生活についても、三者懇談会などの後に**定期的に管理職と語り合う機会を通して日ごろからの意思疎通を図る**ことは、不安感を減少させ、学校への理解と信頼を深めることにつながります。

 ## 周囲の保護者への対応

　保護者全体に働きかけることができるのが学校管理職の強みです。入学式や卒業式、PTA総会、各行事を通して、「互いを認め合い、支え合う、共に生きる学校風土づくり」など将来に向けて育てたい豊かな心について機会あるたびに伝えることができます。保護者対象の特別支援教育の講演会を企画し、教職員とともに受講し、子育ての観点から理解啓発を行うなど、多くのプランニングが可能です。

管理職の心得

- 管理職の「一緒に考えていきましょう」という対話の姿勢が教職員の基本姿勢となる
- 子どもたちにとって最善のことは何かをいつも考え、子どもたちの立場で支援配慮を確認し見直しを図る

わが子に**障害**があるのではないかと相談を受けた場合の対応について知りたい

　WHO（世界保健機関）は、健康の定義を「健康とは**肉体的、精神的及び社会的に完全に良好な状態**であり、単に疾病又は病弱の存在しないことではない」と定めています。学齢期になって保護者がわが子に障害があるのではと心配になるということは、その子どもに「社会生活上」の困難が目立つようになってきたと考えられます。肉体的、精神的に良好でない状態であれば、就学前に気づく可能性が高いからです。管理職としては、まずこの健康の定義を押さえることが大切です。そのうえで、「障害」について考えてみましょう。

「障害」とはどのような状態をさすのか

　障害者基本法では、障害者を「**身体障害、知的障害、精神障害（発達障害を含む。）その他の心身の機能の障害がある者であって、障害及び社会的障壁により継続的に日常生活又は社会生活に相当な制限を受ける状態にあるものをいう**」と定義しています。また障害者権利条約では、「障害者には、長期的な身体的、精神的、知的又は感覚的な機能障害であって、**様々な障壁との相互作用により他の者との平等を基礎として社会に完全かつ効果的に参加することを妨げ得るものを有する者を含む**」とあります。

　たとえば、小学校１年生、家でも学校でも落ち着きがなく、他児とのトラブルが多いという子どもの場合、「家だけでなく学校でも」という点や対人トラブルが多いという点に、保護者は心配になります。しかし、その児童が毎日学校を楽しみに、元気に登校しているのであれば、障害（者）の定義には当てはまりません。もし、その児童が不登校だったり、明らかに他児と距離を取ったりしていたら、

落ち着きのなさや対人トラブルは障害に基づくものかもしれません。

　保護者の相談では、子どもの生活のどの場面で心配な状態があるのかを聞き取ることがとても重要です。また、相談を受ける前に、学校での様子を担任だけでなく、なるべく多くの教職員から聞き取っておくことも大切です。**子どもの様子は、場所や人、状況によってさまざまです。**一場面だけを捉えて、子どもの状態を決めつけてしまうことは避けたいことです。

スクールカウンセラーや外部機関へつなぐ

　保護者の話は、傾聴する姿勢で聞き取ることが大切です。その際、否定も肯定もせず、ただ保護者の心情を汲み取ることから始めましょう。また、**障害があるかどうかは専門家が判断することで、学校では判断できない**ことも最初にお伝えするとよいでしょう。

　近年、とくに「発達障害」の認知が広まったことにより、学校でも、子どもたちの困った言動を「障害」として捉える傾向が見られます。保護者も同様で、家庭や学校の様子で気になることがあると、「障害があるのかも」と不安になります。しかし、**子どもの心身の状態はさまざまな影響を受けています。**不適切な養育により、子どもにADHDの特性が表れることも知られています。

　安易に子どもを「障害」と決めつけないためには、スクールカウンセラーとの面談も有効です。保護者の気持ちに寄り添いながら、管理職への相談をスクールカウンセラーにつなげ、そこから外部の専門機関につないでいくのもよいでしょう。困っている保護者や子どもには多くの支援者が必要です。

管理職の心得

- 「健康」や「障害」について、基本的な事項を押さえておく
- 子どもの状態はその置かれた環境によって変化している
- 障害か否かの判断は専門家に任せる

困りポイント **49**

わが子の障害を
受容できていない保護者
への管理職のかかわり方を知りたい

　学校は、保護者との合意形成に基づく「合理的配慮」の提供が今後いっそう求められています。障害を受容できない保護者と信頼関係を築くには、管理職が保護者と同じ方向を向き、協働できる関係性を形成して組織的に対応することが大切です。

合理的配慮の提供までの過程を大切に

　保護者が障害を受容するには時間がかかると認識することが必要です。まずは、保護者と児童生徒の困難さを共有し、不安を軽減することが求められます。学習や生活の困難さを受けとめるだけでなく、**本人のよさを最大限伸ばすための方法を共有していくように努**めます。あわせて、専門機関と連携していくことも大切です。

　合理的配慮の提供の過程では、合意形成に向けて表1のように保護者との信頼関係を構築し、よりよい支援の方向性を見いだすことにつながります。**保護者には、解決の方向の見通しをもたせ、学校**

表1　合理的配慮の提供の過程

過程	担当者	担当者による情報データ整備
相談	本人、家族から 校内委員会 (担任・特別支援教育コーディネーター)	・聞き取り ・窓口を管理職、支援会議日時の調整、事前打ち合わせにより共通理解
話し合い (支援会議・面談)	特別支援教育コーディネーター 担任や保護者 必要に応じて関係機関 (SC、医療、療育、児童相談所等)	・会議次第作成：参加者全員が会議の見通しの共有 ・会議の趣旨や流れの説明、会のゴールイメージや会議時間の共有 ・実施方法の具体化、次回の会議の確認
実施	本人や担任など	・実施方法の具体化（いつ・誰が・何を・どのように） ・連携方法（例：連携ノート、電話連絡等）の確認 ・課題だけでなく、よい点や伸ばしたい点、本人の思いを記載
見直し・改善	支援会議メンバー	・医療・SC・SSW・ST・OT等、専門機関との連携 ・保護者や本人からの聞き取り

全体でかかわっていくことを繰り返し説明します。

　保護者との話し合いのゴールを事前に見定めるとともに、管理職として、保護者を取り巻く環境とリソースを整理し、「最終判断は保護者が行うこと」「学校は、合理的配慮の提供については、最大限最善を尽くすこと」などを保護者に説明することが大切です。

■ 「保護者への配慮事項チェックリスト」活用を

　管理職は、保護者はわが子の障害に対して拒絶と受容を繰り返し、葛藤していくことを理解しておく必要があります。保護者は、児童生徒の支援者であると同時に、支援対象者であることも頭に入れておきます。保護者の心理状態を受けとめ、共に歩んでいく信頼関係を築くことになります。表2のようにチェックリストを活用することが大切です。

　また、支援方法を具体化していくときには、児童生徒の実態と関連する情報をもとに個別の教育支援計画や個別の指導計画を作成します。そして、学校の組織的な対応方針を説明し、共有することで、保護者の安心感につなげます。

表2　合理的配慮実施時の保護者の配慮事項　チェックリスト

支援会議・面談前
□管理職一人で対応していないか。窓口を一本化したか
□報告は済んでいるか（校内委員会、学年等）
□面談時間の確認ができているか
支援会議・面談
□校長の経営方針や対応方針を話しているか
□障害特性で話していないか
□傾聴するなど、寄り添う話し合いができているか
□課題よりも、伸ばす点も共有できているか
□一緒にかかわる気持ちを伝えているか
□できること、できないことを示しているか
支援会議・面談後
□報告は済んだか
(特別支援教育コーディネーター、学年、場合により全職員)
□対応の具体策実施に向けた校内、校外の準備はできたか
□面談の参加者へ感謝や労いを伝えたか
□記録をまとめたか

管理職の心得

- 「困った」子は「困っている」子であることを理解する
- 障害のある子をもつ親としての心情に想いを馳せる
- 管理職として「共に生きる」ための支援方法を考える

特別支援学校への就学が望ましい子どもを
通常の学級に通わせたい
と言っている保護者にどのように対応するか

　就学相談を通して教育委員会が示した就学先に納得せずに、保護者としての思いを通したいというようなケースは、どの自治体でも散見されることだと思います。現行の制度上、これからも起こりうることですが、対象児童を実際に受け入れる学校としてはどのようなことに留意すればよいでしょうか。

　入学前の保護者との面接や入学後の初期対応の際に管理職が留意するべき事項としては、以下のようなことが考えられます。

 保護者の思いの受容

　入学までに保護者が積み重ねてきた苦労と努力、味わってきた思いを本当に理解できるのは、保護者本人だけかもしれません。通常の学級に通わせたいという主張は、インクルーシブ教育の充実に期待する気持ちの表れかもしれません。何が正しいかを議論しようとする前に、まず、保護者の思いを十分に受容することが大切です。

　入学前も入学後も、「**一緒に考えていきましょう**」という保護者に**寄り添った姿勢を示し続ける**ことが必要です。

 「できること」「できないこと」の共通理解

　保護者の思いに寄り添ったとしても、実際に対象となる児童が通常の学級に在籍した場合、学校としてできることには限界があります。以下のような点については、**できれば入学前に共通理解を図る**ことが望ましいと考えられます。

　○学級内で担任ができること（できないこと）は何か

○担任以外の教員等ができる支援は何か

○教育委員会と連携してできる支援は何か

○保護者にはどのような支援を要請できるか

○対象児童の状況について他の保護者に説明してよいか

○入学後に定期的な情報共有の場を設けることができるか

　これらのことを確認しておくことは、保護者に冷静な状況判断を促す効果も期待できます。なお、保護者との情報共有に際しては、児童・保護者の状況を的確に把握しながら、**段階的に学校としての考えを提示していく**ことも重要です。保護者が拒絶反応を起こしてしまうような提案は避けつつ「子どものために最も望ましい教育環境は何か」を常に話題にできるようにすることが大切です。

 ## 組織的対応の推進

　今回のようなケースに限らず、配慮が必要な児童・保護者への対応を担任一人に任せることはできません。組織的対応を推進するためには、以下のような取組も欠かせません。

○特別支援教育校内委員会の充実による校内体制の整備

　・支援レベルに応じた人的・物的環境整備についての検討

　・スクールカウンセラー、関係機関等との連携

○全教職員での情報共有・対策検討の機会の確保

○教育委員会への情報提供と委員会の見解の確認

　これらの取組を円滑に進めるためには、**管理職、特別支援教育コーディネーターが果たすべき役割が極めて重要**です。

管理職の心得

● **まず、受容。すべてを許容できないことも明確にする**

● **「子どものために最善な教育環境は何か」を常に話題にする**

● **担任一人に任せない。校長がリーダーシップを発揮する**

特別支援学級への就学を保護者は納得しているが
祖父母等の家族が認めないとき
の対応の仕方を知りたい

　特別支援学級設置校の校長は、就学に関する保護者からの相談を受けることがしばしばあります。就学先の最終判断は当該児童およびその保護者になりますが、各市区町村の関係機関は、その子の今現在の状況を踏まえ、どの学びの場がよいか保護者にお伝えします。

　就学後においても、通常の学級や特別支援学級において、それぞれの学びの場で、児童が自らの障害の影響から困りごとが多くなり、学びの場の変更が望ましいと当該児童および保護者、学校関係者との合意形成が行われた際は、当該児童に合った学校に籍を変えることになります。

　しかし、現実には今回の「困りポイント」のように、保護者またはそのご家族の理解が得られないケースがいくつか見られます。

発達障害に関する情報をわかりやすく伝える

　今の保護者の一つ前の世代は、発達障害に関する情報が多くはありませんでした。視覚や肢体の障害ではない、見た目が「普通」(この普通という捉え方を変えていく必要があります)に見えることが少なくないため、「障害がある」と認識されづらかったと考えます。

　また、「本人の努力が足りない」「親の躾ができていない」という言葉で片付けられてしまうこともあったと思います。

　今はSNSの急速な進歩で、発達障害に関する情報を数多く得ることができます。同じ悩みを抱えている親同士での情報交換もしやすくなりました。保護者よりも祖父母の理解を得られないことは、そういうことだと考えられます。

　しかし、祖父母に対してすぐに大量な情報を伝えても、理解を得

るのに時間がかかるでしょう。当該児童の保護者、その祖父母の方と学校関係者(SC等、専門性のある方も含む)と、まずは**対面でじっくり丁寧に話し合うことが、一番の近道**だと考えます。

　保護者、祖父母それぞれの考えがあります。じっくり話を聞き、それぞれの子育てを踏まえた困りごとを聞いていくなかで、解決方法が見えてくる場合があります。この話し合いは、祖父母との年齢が近い管理職がファシリテーターになることが大切で、醍醐味でもあります。そのような祖父母をぜひ、学校の味方につけましょう。

■ 保護者に育てるのは私だと自覚してもらう

　以上のことをねばり強く話しても、理解を得ることができない場合も少なくありません。生きてきた時代や環境が違います。そのため、先ほどとは矛盾しますが「説得を諦める」**ことも必要**だと思います。その分、保護者に強くなってもらいます。

　以前、お子さんの支援方法について、どうしても父親は受け入れることができないときがありました。学校としては、まずは母親と繰り返し面談を重ね、適切な情報をお伝えし、父親とも面談を行いました。1年近く経った後、母親は自ら病院や関係機関へ足を運ぶようになり、父親の理解も取りつけました。当該児童も少しずつ成長を重ねていきました。凛々しくなった母親の顔が印象的でした。

　お子さんの親権は、概ね祖父母ではなく、保護者です。ただし、保護者自身だけでは強くはなれません。まずは**学校、関係機関がその保護者を見守り、時には支えていくことが大切**です。時間はかかります。焦らずに保護者の方をサポートしていきましょう。

管理職の心得

- 今の発達障害についての知識を、丁寧に祖父母へ伝える
- 管理職(とくに校長)がかかわっていく
- お子さんを育てている保護者に自信をもたせていく

通常の学級に在籍する発達障害のある子どもの**保護者への就学相談**の仕方を知りたい

　幼稚園や保育所からの情報、あるいは、就学時健康診断の様子から発達障害等を疑われる幼児は少なくありません。医師の診断があり、保護者も障害受容をしている場合は、より具体的な「合理的配慮」についての話し合いが可能となります。しかし、障害に気づいていない、あるいは認めたくない保護者に対しては、丁寧な対応が必要です。医師の診断がないのに、「発達障害では?」と決めつけてしまうことは人権侵害にもあたりますので、注意が必要です。

 ## 就学時健診や入学説明会で相談を受ける

　入学前に保護者が学校に来る機会はそれほど多くはありません。幼児療育機関に通園している幼児の保護者は、かなり早い段階から校長に面談を依頼してくる場合が多くあります。このような場合は、当該幼児を同伴のうえ、できれば**両親そろって面談を行い、両親の考え方を確認したり、幼児の様子を観察**したりすることが大切です。

　学校生活に不安なことがある保護者に対して、就学前の健康診断や入学説明会の折に校長面談を行う旨を周知します。以前は、就学時健診の際の検査やテストに不通過だった場合、校長面談を必須としていたこともありましたが、現在は保護者が希望しない限り行うことはまれです。希望しない場合も、入学前、あるいは入学してから、いつでも相談を受けつけることをお知らせすることが大切です。

 ## 就学後も丁寧に観察し、保護者と連絡を取る

　就学後に、明らかに不適応を起こす児童は、わりと早い段階から

現れます。担任、学年主任、特別支援教育コーディネーターなどと連携を図り、状況を丁寧に記録していきます。その際、本児のよい部分、長所なども記録しておくことが大切です。

　他害、教室離脱、登校しぶりなど、保護者にはこまめに連絡をしていくことが望まれます。そのときに、「困っています」「家庭でなんとかしてください」ということではなく、「このようにしたら落ち着きました」「事後に話すことで自己理解ができていました」というように、**本人の物事の捉えにくさと適切な対応を明確に伝えていく**ことが大切です。集団生活が困難な状況が重なってきた時点で、保護者に「校長面談をしませんか」と呼びかけることが次の段階です。

　この時点で、保護者が家庭で困っていることはないか、学校とどのように連携をとっていきたいかなどを聞き取っていきます。一度や二度ではなかなか先に進まないでしょう。その際、学校側としては当該児童のよさを理解し大切に思っていること、当該児童のためにできることを保護者と一緒に考えていきたいことを伝えていきます。**校長が児童の様子を把握し、よさを認めてくれているという思いは、保護者にとってハードルを低くする要因となります。**

■ 関係機関と連携を図る

　保護者が困っている思いを学校に伝えてくれたら、さまざまな関係機関と連携を図っていきましょう。特別支援学校のセンター的機能やスクールカウンセラー、行政や福祉・医療などの諸機関と保護者をつなげることで安心して学校生活が送れる取組を共に探していきましょう。もちろん、学校でのサポートも協働して取り組みます。

管理職の心得

- わが子の障害を認められない保護者に無理強いはしない
- 担任のみに任せるのではなく、チームで対応する
- 子どものよさを認め、子どものために何ができるかを考える

過度な合理的配慮の提供
を要望してくる保護者
への対応を知りたい

　合理的配慮の定義を確認しましょう。障害者権利条約では、「障害者が他の者との平等を基礎として全ての人権及び基本的自由を享有し、又は行使することを確保するための**必要かつ適当な変更及び調整で**あって、特定の場合において必要とされるものであり、かつ、均衡を失した又は**過度の負担を課さないものをいう**」としています。また、文部科学省では、合理的配慮にあたるものとして、「**教員、支援員等の配置**」「**施設・設備の整備**」「**個別の教育支援計画や個別の指導計画に対応した柔軟な教育課程の編成や教材等の配慮**」をあげています。

合理的配慮の提供を申し出る保護者の気持ち

　保護者であれば誰でも、障害の有無にかかわらずわが子の教育環境がよりよいものであってもらいたいと願うものです。また、障害のある子どもを養育している保護者の苦労は、想像以上の大変さがあります。まずは、相談にいらした保護者の労をねぎらい、これまでの子育ての苦労などに傾聴する姿勢をもちましょう。

　肢体不自由の双子の兄弟が小学校に入学するとしましょう。保護者は学校や教育委員会にエレベーターを設置してほしいと訴えました。学校は4階建て、各フロアに授業で使用する部屋があります。保護者の訴えはエレベーターの設置ですが、教育委員会にはその費用がありません。合理的配慮として「施設・設備の整備」を行ってほしいという要望にあたりますが、教育委員会や学校によってはエレベーターの設置は**過度な負担**となる可能性があります。

　このようなときに管理職として考えたいのは、保護者の気持ちです。エレベーターを設置してもらいたいのは、**車いすのお子さんが**

「学校生活で困らないようにしてもらいたい」という思いです。過度な要望に振り回されることなく、こうした保護者の本心と向き合うことが課題解決の第一歩です。

校内でできる合理的配慮（工夫）と合意形成

　保護者の気持ちに寄り添い、過度な要望の背景が見えたら、次は、**実現可能な合理的配慮**について考えましょう。「教員、支援員等の配置」や「施設・設備の整備」については、教育委員会と相談するのがよいでしょう。実際に行われるケースとしては、合理的配慮を要する子どもに対して、支援員が配置されたり、バリアフリーのトイレ等が設置されたりします。校内では「個別の教育支援計画や個別の指導計画に対応した柔軟な教育課程の編成や教材等の配慮」が中心となるでしょう。また、校舎内の教室配置についても見直しを図れる部分がないか考えます。

　管理職として、すべての子どもたちに対して公正な教育環境の整備を行うことは、とても重要です。4階建ての学校でどのような工夫があれば車いすでも学校生活で困ることなく過ごすことができるかをすべての教職員を巻き込んで考えましょう。

　このようにして生み出した合理的配慮については、必ず保護者と合意形成を図ることが大切です。そのとき大切なのは、**学校にはできること・できないことがあるが、できることは精一杯やらせてもらう**という姿勢を見せることです。誰一人取り残さない、すべての児童生徒を大切にするという管理職の姿勢は、子どもの学校生活に不安を感じている保護者の安心につながります。

管理職の心得

- 過度な要望の背景を探ることで、できることが見えてくる
- 教育委員会やすべての教職員でできることを考える
- すべての児童生徒に公正な学校生活を提供する

障害のある子どもへ
苦情を申し立てる保護者
への対応を知りたい

　文部科学省の調査では、通常の学級に在籍する発達障害の子どもの割合は1学級に2〜3人いる計算になります。そのような現状で、周りの子どもや保護者が発達障害の子どもの行動に不満をもち、苦情を申し立てることもあります。迅速で丁寧な対応が大事です。

保護者からの声は状況改善のチャンス

　保護者からのクレームや相談、学級の子どもからの訴えは、状況を改善するよいチャンスだと捉えましょう。ただし、担任にとってはネガティブな気持ちになるかもしれません。そこを支え、**組織として対応するのが管理職の役割**です。

対応へのポイントは3点

　障害のある子どもへの苦情に関する対応について、ポイントは3点、①「課題の共有」②「丁寧な説明」③「組織的な対策」です。まずは、訴えてきた保護者の思いを受けとめ、対象児童生徒の学級内における状況を改めて見直します。そして、学校が現在取り組んでいる、または今後予定している対応について、丁寧に説明し、理解を求めましょう。保護者は、子どもからのみの情報で不安を膨らませている場合が多いです。担任だけでなく、**学校が組織的に対応していることを知ってもらうことがその不安を取り除く一番の方法**です。

　もちろん、学校として、できること・できないことははっきりと伝えることも必要です。なお、苦情を申し立ててきた保護者への主な窓口は管理職ですが、関係性を保つためにも日常の連絡は担任が

適宜行い、**必要に応じて特別支援教育コーディネーターがかかわる**ことで、組織的な対応をしていることが伝わりやすくなります。

具体的な校内対応があってこそ

たとえば、「発達障害の子どもが落ち着かなくて授業に集中できない」という訴えがあった場合、いくつかの具体的な対応が考えられます。学級のなかで取り組むことができることとして、周りへの影響の少ない座席に配置するなどです。前列の角の席等、教師がかかわりやすく、周りの人も少ない席にすることで、本人にとっても、周りにとっても、よい状況をつくることができます。また、イヤーマフ等を使って、気持ちを落ち着かせることも考えられます。

離席をする子どもに対しては、人的支援が必要です。管理職の立場として、人員を割り当てることが求められます。支援員や介助員を配置してフォローをしてもらったり、校内体制を組んで他教員がサポートしたりするために、管理職のリーダーシップが重要です。

日ごろから伝えることが大事

さまざまな機会に特別支援教育やインクルーシブ教育等に関する理解を深める活動をしていくこともトラブルを未然に防ぐという意味で大切です。保護者向けのものでは、学校だよりや保健だより等で特集を組むなどがあります。そのなかで、学校が取り組んでいる内容を紹介するのも効果的です。PTAの研修会等のテーマにすることもよいでしょう。児童生徒向けには、通常の教育活動を中心に、全校朝会等においても話題にしていくことが考えられます。

管理職の心得

- 担任任せにせず、管理職主導で、組織的な対応を行う
- 苦情を未然に防ぐためにも日ごろから校内体制の充実を図る

障害に詳しい保護者から
専門用語で責められたら
どうするか

　障害のある幼児・児童・生徒一人一人の能力を最大限に伸長すること。それぞれの状況に応じた自立や社会参加を促進すること。私たちは、この2つから共に学び支え合う共生社会の実現をめざして日々特別支援教育を進めています。

　現場では最近、特別支援教育についてかなり詳しく勉強し、学校にさまざまな苦情を伝えにくる保護者が増えていると感じます。たとえ専門用語で責められても、将来の子どものために保護者と一緒に考えるチャンスかもしれないという気持ちで、真摯に耳を傾け対応することが大切だと思います。

■ 保護者の思いを受けとめる

　コロナ禍において学校行事を参観する機会が減り、保護者からは、「学校の様子が見えない！」というご意見を多くいただいています。とくに低学年などの保護者は、とても不安だと思います。

　そこで、学校の様子や行事など、積極的に情報発信するようにして、保護者にも見通しをもってもらいます。

　次に、日ごろから情報収集するなかで、苦情がきそうだと思ったら予兆を見逃さず、担任、主幹教諭、副校長、教頭と連携し作戦を立てます。それでも苦情を伝えにきた場合は、専門用語で責められても、最後まで傾聴し一度思いを受けとめるようにします。聴きながら**どこまでが学校でできる範囲かを意識し、学校としての責任が問われない範囲で共感する**ようにします。何に対して不満に思っているのか、最終的にどうしてほしいのかを意識しながら聞くと自分のなかで整理されます。

保護者との関係づくり

　学校にとって大切なのは、最初に一貫性のある基準を示しておくことです。それがこの先の学校の支援体制を崩さないことにつながります。まず、保護者からの話の内容を整理し、学校の支援体制について説明します。そして、**学校でできること・できないことを明確に伝える**ことです。保護者になぜここまでができてここまでができないのかを学校の支援体制をもとに丁寧に説明します。

　次に、学校も**子どものよりよい成長を第一に考えるために家庭の協力が必要であることを伝え、協力が得られる方向**にもっていけるよう家庭と一緒に考えていくことを伝えます。ここでのポイントは、先ほど受けとめた保護者の子どもへの思いを大切にして関係づくりをすることです。関係づくりができれば、保護者が困っていることや子どもの課題を共有し、その子の課題についてどう対応していくか一緒に考えることができます。

　最後に、関係諸機関との連携を提案します。専門用語を知ってらっしゃる保護者の方ならなおさらのこと、専門性の高い関係諸機関のメリットを理解してもらえるはずです。子どもの課題を解決するために少しでも早くよりよい方向へ進むよう、学校と家庭と関係諸機関と連携して対応していくことを丁寧に説明します。

　学校では改めるべきところは真摯に受けとめすぐに対応します。担任が子どもの様子を把握し、気持ちに寄り添っていくこと。安心して過ごせる居場所となるよう、学年全体、学校全体で対応します。**保護者との関係づくりは、焦らずゆっくりと**です。何よりも校長自身が、日ごろから幅広く研鑽を積んでおくことが重要だと感じます。

管理職の心得

- 最後まで傾聴し一度思いを受けとめる
- 学校の支援体制を崩さない一貫性のある基準を示す
- 専門性の高い関係諸機関とも連携しながら対応する

PART.
3

人材育成

管理職が特別支援教育の
専門性を向上させる
ための方法を知りたい

 ## 改正教育公務員特例法に
基づく指針の改正等通知

　公立の小学校等の校長及び教員としての資質の向上に関する指標の策定に関する指針の改正（2022年8月）があり、次のように再整理されました（筆者要約）。

　教師に共通に求められる資質能力は、①教職に必要な素養②学習指導③生徒指導④特別な配慮や支援を必要とする子供への対応⑤ICTや情報・教育データの利活用

　さらに校長は、

①人材育成：教職員等一人一人の適切な現状の把握と目標設定の下で個別最適な学び、協働的な学びにより教職生涯を通じて学び続けるといった、新たな教師の学びを実現すること

②アセスメント能力：様々なデータや学校が置かれている内外環境に関する情報について収集・整理・分析し、共有すること

③ファシリテーション能力：学校内外の関係者相互作用により学校の教育力を最大化していくこと

校長は、研修履歴等を活用した資質の向上に関する指導助言等の場面では、指導助言者である教育委員会を含む監督下、**実質的な指導助言者としての役割を担いつつ、自身のマネジメントも進めていかなくてはなりません。**

 ## 特別な配慮や支援を必要とする子どもへの対応

教師に共通に求められる資質能力は学校経営の重要な柱であり、

校長自ら積極的に専門性を高めていくことが重要です。

　今後の特別支援学校教諭免許状コアカリキュラムや指標の策定・変更等の動向を注視しながら、教職員および管理職のマネジメントについて創意工夫をすることが求められています。

インクル
COMPASS

　独立行政法人国立特別支援教育総合研究所より「インクルCOMPASS」が提供されています。各校や関係機関における取組をチェックし、今後の方向性を検討するためのツールを活用し、まずは、学校や自身の現状を分析してみてはいかがでしょうか。

　また、通知には独立行政法人教職員支援機構が提供するオンデマンド型研修動画も紹介されています。その他、研修実施者による研修についても示されています。しっかりと読み込んだうえで、アンテナを張って自身にあった研修を選択することが重要だと思います。

■ 研修は「研究と修養」

　働き方改革が推進されるなか、教職員の業務をスムーズに進めてもらうために、管理職はできるだけ学校に留まっていたいのが現状ではないでしょうか。

　研修は「研究と修養」と捉え、私は休業日や長期休業等に大学や教科研究会、民間の研究団体が主催する研修や講座、大会等に参加し研究と修養を深めています。少し遠出した折には、研修地の周辺を散策する等で、より教養も深めることを楽しんでいます。

管理職の心得

- これからの教育の流れについて、常にアンテナを張る
- 特別支援教育の専門性が効率的に向上する研修会を選択する
- 研修は研究と修養と捉え、資質向上に努め、必ず学校経営、人材育成に生かす
- 時間を有効に活用する

すべての教職員の特別支援教育に対する
意識を変えるためのしかけ
を知りたい

　年々、特別支援学級の設置数は増加傾向にあり、それに伴って特別支援学級の学習活動に携わる教職員数も増えています。しかし、特別支援教育への理解や意識に個人差が大きいのが現状です。保護者の理解のすそ野が広がっている状況に対して、教職員の理解や指導方法の改善への意欲は高まっているでしょうか。

　以下、分掌組織の活性化や指導方法改善という視点から、意識を変えて意欲を向上させていく取組を例として述べてみます。

■ 校内教育支援委員会の活性化

　校内の教育支援委員会は機能していますか。支援を要する児童生徒の現状報告だけの定例の会となっていないでしょうか。

　もちろん、状況を把握することは大切ですが、「現時点の状況がこの子にとって最適な学びの場となっているか」という学びの場の検証も大きな校内教育支援委員会の役割だと考えます。

　たとえば、「自閉症・情緒障害学級のAさんは出席が少なく評価できるデータ等がないが、知的障害学級で学ばせた方がよいのでは」とか「不登校が続く〇年〇組のBさんは、人数の少ない自閉症・情緒障害学級なら登校して学べそうだ」とか、**指導方法だけでなく、在籍等の学びの場の適性を協議、共有する**ことが重要です。不登校という状況は一般的に生活指導面と捉えがちですが、一人の児童生徒の状態として、特別支援教育の場でも共有すべき課題です。

　このように特別支援教育を業務の一領域として捉えさせるのではなく、児童生徒理解や指導上の視点と捉えさせることが必要です。

　既存の校内教育支援委員会の役割と内容を工夫することで、結果

的に特別支援教育の領域を含んだ児童生徒理解が深まっていきます。

合理的配慮はすべての児童生徒のために

　中学校の自閉症・情緒障害学級に在籍する生徒が交流学級で教科の授業を受ける際、どのような配慮や支援が必要かを全校で考えることが特別支援教育を含む教育的視野を広げることにつながります。

　「板書を視写することが極めて苦手な生徒に対してすべてタブレット入力をさせてはどうか」という案件を校内教育支援委員会で議論したことがあります。協議の結果、視写のタブレット入力は見送り、全教科でどうしても記述させたい言葉だけ色つきチョークで板書することに決定しました。困り感を感じている生徒だけでなく、他の生徒にとっても有効な手立てとなるか、という合理的配慮の視点からの結論でした。各教科の担当からすれば些細な改善かもしれませんが、合理的配慮を実践できた価値ある取組だったと感じます。

　また、植草学園短期大学・佐藤愼二教授の講演内容を参考に、口頭での指示が伝わりにくい生徒に対して、指導者の「一文多動詞」となりがちな指示を「一文一動詞」の指示へと変える取組を全教職員で行っています。配慮を要する生徒への「ないと困る」支援は、すべての生徒にとっても「あると便利で・役に立つ」支援であるべきだと思います。

　特別支援教育が最前面でなくとも、**教科領域の指導方法改善、児童生徒の理解や学習効率の向上という視点から共通実践する**ことで、結果的に特別支援教育への意識が広がっていくと考えます。

管理職の心得

- 日々の実践を頑張る教員を認め励まし見守る姿勢を
- 児童生徒のつまずきの背景を知り個に応じた指導を
- 児童生徒・関係者と向き合い寄り添う姿勢が指導力を育む

校内の特別支援教育研修
をどのように進めればよいか

　私は、支援は子どもだけではなく担任も（保護者も）必要としていると感じています。そして、教職員への最大の支援が、全教職員の特別支援教育に関する専門性向上を図ることだと考えています。

　では、そもそも特別支援教育に関する専門性とはどんなことなのでしょうか。私は、単純に「知識」と「実践する（できる）」の２つであると考えています。とくに、「実践する（できる）」ことがむずかしいと感じている先生が多いと思います。「実践する（できる）」ためには、経験が必要です。校内研修は、特別支援教育に関する実践力を高める経験を、計画的に積み重ねられるよい機会だと考えます。

■ 校長自身は、どのくらい知っている？

　校内研修において最も重要なのは、つまり、教職員の特別支援教育への実態を把握することです。実態把握方法は、文部科学省、国立特別支援教育総合研究所、都道府県教育委員会、各市町村教育委員会、各地区特別支援教育センター等のホームページを参考にしていただければと思います。

〈必要と思われる項目〉

○特別支援教育に関する意識

　・特別支援教育の必要性、有効性等

○知りたいこと、身につけたいことは何か

　⇒特別支援教育のことをどのくらい知っているのか

　・専門用語、理論、アセスメント方法、対応の仕方等

　また、校長自身が「自分は特別支援教育についてどのくらい知っているのか」把握することも重要です。なぜなら学校全体を俯瞰し

た場合、本当に必要なこと(研修)は何かを見極められるからです。校長自身および学校の実態把握については、国立特別支援教育総合研究所の「インクルCOMPASS」が参考になります。

研修への評価を次に生かす

校内での特別支援教育研修は、主に下記のような形で実践されている学校が多いと思います。

○教職員の実態から研修内容を設定

○研修計画を立てる(講師の選定を含む)

　・年度当初に、研修日程のみを設定するのもよい

○研修内容は講義型？　演習型？(演習型を組み入れると効果的)

○研修の評価(研修を計画した側も研修を受けた側も)

　・「研修直後の評価」と「研修後しばらくたってからの評価」

評価については、「今回の研修が教職員のニーズに合っていたかどうか」という研修直後のものと、「成果が表れているか」という研修後しばらくたってからのものがあります。

前者は、研修中・直後の反応や感想なので、次回の持ち方に生かすことができます。後者は、実践に生かされているか、子どもへの支援となっているか、教職員の支援となっているか、について細かく評価し、次年度に同じ内容で積み重ねるのか、バージョンアップした内容にするのか、違う内容にするのかなどを決めていきます。

いずれにしても、校長自身の特別支援教育への専門性を向上させ、**校長の「特別支援教育の研修をしっかりとやる」という姿勢を教職員に見せる**ことが大切です。

管理職の心得

● 教職員への最大の支援は、特別支援教育に関する専門性向上

● 最も重要なのは、教職員や学校の特別支援教育への実態把握

● 研修の評価を、次回の研修と次年度の研修に生かす

困りポイント 59

特別支援学級や通級指導教室の
担当教員が身につける力
とは何か

初めて特別支援学級や通級指導教室の担当になると、これまで培ってきた通常の学級での教科指導や学級経営の専門性だけでは対応がむずかしいことに悩むことが多くあります。児童生徒一人一人の障害の状態や学校生活上の困難さが異なること、異学年の集団を一斉に指導すること、生活単元学習や自立活動など教科書のない教育課程を指導することなど。

知識や指導力は経験を重ねることで身についていきます。指導力を支えるのは、**児童生徒理解や柔軟な発想、臨機応変な対応**ではないでしょうか。そしてその根底には、担当する児童生徒に寄り添う心があると考えます。管理職は、**日々の実践で成長していく教員を認め励まし、温かな目で見守っていきましょう。**

 ## 指導にかかわる力

○児童生徒理解とアセスメント力

指導にあたっては、児童生徒一人一人の実態を理解し、教育的ニーズの把握に努めます。そのためには、つまずきや問題状況から**背景にある育ちにくさや適応しにくさを読み取る力**が求められます。日常の行動観察や関係者からの聞き取り、諸検査等で得られた情報を意味づけしたり解釈したりしながら、総合的に状態を捉えてアセスメントをします。多様な情報を仮説に沿って組み立て、個に応じた指導、支援に導いていきます。

○指導内容・方法の工夫と実践力

児童生徒一人一人の困難さや課題に応じて、指導内容や指導方法、教材を工夫していく力は、日々の実践から培われていくものです。

そのためには、教師自身の「指導のひきだし」を増やす努力や、もっている「ひきだし」の効果的な活用の工夫が求められます。研修や同僚、先輩、特別支援学校等の授業から学ぶ機会を設けることも大事ですが、目の前の児童生徒の**ヘルプサインに気づき心の声を聴く姿勢が実践力を高める**ことにつながると考えます。

 ## 連携にかかわる力

○教育相談の力

　通常の学級で十分に力を発揮できない児童生徒にとって特別支援学級や通級指導教室は、安心できる居心地のよい場でありたいものです。そのためには、担当教員が受容と共感の姿勢でかかわることが必要です。また、家庭生活を支える保護者にとっても、担当教員はよき相談者であり、共に児童生徒の成長を見守る支援者としての役割があります。保護者の不安や悩みを受けとめ、気持ちに寄り添って話が聴けるよう、障害受容のプロセスやカウンセリングの技法などを身につけていきます。お互いの**信頼関係を築き**、教員自身が**ゆとりをもって対応**することを心がけるようにします。

○校内外での連携・調整力

　校内では、通常の学級担任等とそれぞれの場における指導の考え方やその実際について情報を伝える「連絡」だけでなく、指導方法を共に考えたり、指導を見直したりするなどの「調整」も必要になります。また、校外の関係機関の情報も発信できるといいでしょう。情報共有のために児童生徒について**気軽に情報交換できる関係**を築くことも、担当者に求められる力だと考えます。

管理職の心得

- 日々の実践を頑張る教員を認め励まし見守る姿勢を
- 広い視野で児童生徒理解ができる人材の育成を
- 指導力・連携力の向上は人に向き合い寄り添う姿勢から

特別支援学級や通級指導教室を担う教師の専門性を高める研修を知りたい

　特別支援学級や通級指導教室を担う教師が、「専門性を高めたい」と求めることこそが一番の研修であると考えます。管理職として、担当者との対話を図りながら、学びの契機と機会を積極的に提供していきましょう。学校外の研修として都道府県や市町村で開催する研修への参加、外部機関での研修や学習コンテンツの活用などがあります。また学校内では、通常の学級と特別支援学級、通級指導教室との授業研究、配慮を必要とする児童生徒のケース会議の実施等で実践力を身につけることも、研修の場となるでしょう。

　担当者等の意欲を高めることが専門性を高めることにつながっていくと考えます。

 ## 外部機関を活用した研修

○長期研修
　各都道府県の研修センターや大学その他の教育機関において3ヵ月～1年間程度実施。

○免許法認定講習
　特別支援学校教諭免許状の取得に向けた免許法認定講習を学びの機会として活用。各都道府県、大学等で開催。

○独立行政法人国立特別支援教育総合研究所における研修
・特別支援教育専門研修（約2ヵ月間開催）　各障害種別コースの専門的知識・技能の習得。
・国立特別支援教育総合研究所セミナー　障害のある子どもの教育方法や最新情報についての情報交流。
・すけっとばすけっとマルチメディアウェブページ⇒

・インターネットによる講義配信 NISE 学びラボ⇒

・発達障害教育推進センター：研修講義動画配信⇒

・インクルーシブ教育システム構築支援データベース⇒

 ## 校内研修

○授業研究

通常の学級と特別支援学級、通級指導教室相互の授業を参観し合い、授業研究に取り組みましょう。学校外の指導的立場の**専門家を招聘した訪問指導や校内のOJTとしてベテラン教師の授業公開や助言の場を設けます**。授業研究を実施する際には、授業研究の視点を明確にし、授業後の検討会では、焦点を絞ってKJ法などを用いた意見交換をすることによって、授業力の向上をめざします。

○インシデント・プロセス法によるケース会議

質問しながら出来事の背景や原因となる情報を収集し、問題解決の方策を考えていく方法です。出来事の背景を分析し、多面的に対応策を考えていきます。配慮を必要とする児童生徒の問題解決のための判断力や問題解決力を養うことができます。「事例の提示⇒背景の収集⇒目標の設定⇒対応策の検討」の流れで時間を区切るため、**短時間で無理なく実施**することができます。

管理職の心得

- 「専門性を高めたい」と思える環境整備と機会を提供する
- 外部機関、学習コンテンツの活用と校内研修を充実する
- 校内のOJTと限られた時間のなかでの有効な研修を実施する

困りポイント **61**

特別支援学級や通級指導教室の
担任配置をするとき
に気をつけることは何か

　2022年3月に文部科学省から「特別支援教育を担う教師の養成の在り方等に関する検討会議報告」が出されました。それによると、「任命権者及び校長は、全ての新規採用教員がおおむね10年目までの期間内において、特別支援学級の教師や、特別支援学校の教師を複数年経験することとなる状態を目指し、人事上の措置を講ずるよう努めること。合わせて、採用から10年以上経過した教師についても、特別支援教育に関する経験を組み込むよう努めること」とあります。

　本報告を踏まえ、管理職として適切に特別支援学級や通級指導教室の担任配置を行っていく必要があります。

　安易な人事配置は禁物

　現状として、通常の学級を担任することに困難や不安を抱える教員が、特別支援学級や通級指導教室の担任になることを希望する場合や校長がそれを薦める場合があります。しかし、管理職として安易な人事配置は禁物であり、本人の適性や資質、意欲をよく見極めることが大切です。そのポイントを3点あげます。

(1)　特別支援学級や通級指導教室では、通常の学級よりも保護者との関係が密になり、日常的なかかわりが多くなります。**保護者の気持ちに寄り添い、十分に信頼関係を築ける教員かどうかを見極め**ることが肝要です。

(2)　特別支援学級や通級指導教室では、複数の教員やスタッフ（補助員・介助員など）で指導・支援にあたることがあるほか、当該学級・教室の教員は、共に学級・教室の運営を担うという性質上、通常の学級よりもその関係性は密になります。そのような職場環

境において、良好な人間関係が築けなければ、本人および周囲の教員のメンタル面だけでなく、児童生徒の指導にも影響が出かねません。したがって、**他のメンバーと円滑に学級運営・教室運営ができる協働性の高さ**が、求められる適性の１つとなります。

(3) 特別支援学級や通級指導教室の担任を希望する教員が「(児童生徒が) 少人数だから負担が軽くなるのでは……」という誤った考えをもっていることがあります。その際は、特別支援教育の重要性はもちろん、特別支援学級や通級指導教室においては、一人一人の教育的ニーズを把握したうえで教育内容を編成し、きめ細やかな個別の指導計画に基づき指導・評価を行うことなど、**正しい認識をもつよう指導し、その責任の重さを伝える必要があります。**

■ 適切な人事マネジメント

　校長が人事構想を立てるうえで、通常の学級をメインに考え、特別支援学級や通級指導教室の担任配置を二の次にしていることはないでしょうか。特別支援教育は、「教育の原点」とも言われるように、学校経営方針の柱の１つとなってくるものです。学校全体の人事構想のなかで、特別支援学級・通級指導教室の担任配置においても**長期的な展望を持ち計画的に行う必要があります。**

　具体的には、特別支援教育を担う教師の養成や特別支援学校教諭免許状保有の有無、特別支援学級や通級指導教室の担任のメンバー構成(経験年数、専門性等)など、さまざまな観点から人事配置を行うことが重要です。また、若手教員等を単なる「腰掛け」として配置するのではなく、校長として人材育成のねらいを明確にもち、当該教員のキャリアアップにつなげることが求められます。

管理職の心得

● 担任配置は、適性、資質、意欲を見極め、慎重に判断する
● 学校全体の人事構想で長期的、計画的な担任配置を行う

特別支援学級や通級指導教室を
初めて担当する教員への
支援、指導の仕方を知りたい

　「特別支援教育を担う教師の養成の在り方等に関する検討会議報告」（2022年3月）では、すべての教員が特別支援教育を経験する人事制度の導入についての提言がされています。また、同報告には、「全ての新規採用教員がおおむね10年目までの期間内において、特別支援学級の教師や、特別支援学校の教師を複数年経験することとなる状態を目指し、人事上の措置を講ずるよう努めること」とあり、今後、特別支援教育を学校経営の柱の１つに据えるとともに、**特別支援教育に取り組む若い教員の育成**が求められています。

安心して取り組めるようにする支援、指導

　初めて特別支援教育に取り組む教員は、特別支援教育をよく知らないために、不安を抱えているという状況があります。そのため、以下の３つの支援、指導が有効だと考えます。

　１つめは、**特別支援教育においてもこれまでの経験は生かせると知らせること**です。児童生徒を理解し、その子のよさを引き出すという点では、通常の学級で実践してきた教育と何ら変わりません。発達障害の特性など、新たに必要となる知識はありますが、その子に寄り添い、理解しながら学んでも十分間に合うものです。

　２つめは、どのように児童生徒を指導していけばよいか見通しをもてるようにすることです。特別支援学級や通級指導

イメージ

教室で学ぶ児童生徒には個別の教育支援計画や個別の指導計画が作成されており、日々の教育活動においても、指針とすることができます。

さらに、特別支援学級や通級指導教室での授業見学など、事前研修等の実施によって、自信をもって取り組めるようになります。

3つめは、**学校の特別支援教育のチーム体制を整えること**です。特別支援教育コーディネーターの存在を含め、困ったときに問題を一人で抱え込むことなく、相談し、一緒に取り組める体制を整えることが、とくに経験の浅い教員の安心につながります。

■ モチベーションを高め、前向きに取り組めるように

特別支援教育に取り組む機会は、教員としての力量向上やキャリア形成をするためのチャンスでもあります。

多くの教員は特別支援学級や通級指導教室を担当するなかで、個に寄り添い、一人一人の子ども理解に基づく教育を展開する指導力を身につけることができます。こうした教員としての力量向上は、引き続き、特別支援教育において専門性の高い教員をめざすためにも、再び通常の学級の担任に戻る場合にも有効なものです。

また、教員のキャリア形成の観点からも、児童生徒の実態や特性を踏まえた組織的な指導・支援や関係諸機関や専門家等との連携の推進など、特別支援教育に取り組んだことによる経験は、学校運営を牽引する教員には欠かせないキャリアとなります。

このように、特別支援教育に取り組む機会の大切さを教員に自覚させ、モチベーションを高め、前向きに取り組ませたいものです。

管理職の心得

- すべての教員に特別支援教育の経験が求められている
- 教員に見通しをもたせ、安心して取り組めるようにする
- 特別支援教育に取り組む機会はチャンスでもある

困りポイント **63**

特別支援教育のキャリアを積ませる
人材育成計画
をどう作成するか

　特別支援学級のみならず、通常の学級に在籍する障害のある子どもについても学びやすい環境を整えるため、教師あるいは学校全体でよりいっそう意識を改革し、特別支援教育を担う教師を増やしていくこととともに、教育の質を向上させていくことが重要です。

　そこで教師本人の特性や希望、将来のキャリアパスを見据えた人材育成計画を作成するにあたっての視点を示していきます。

■ 人材育成計画の作成・推進

⑴　採用後10年以内の人事マネジメント

　中期的な人事マネジメントにより採用後10年以内に、特別支援学級・学校や通級指導の教師を複数年経験できるように努める。

　また、通常の学級と特別支援学級・通級の教師による交換授業なども毎年計画して実施できるようにする。

⑵　中堅（10年目以降）の教師へのアプローチ

　中堅の教師や指導・監督層である主幹教諭、指導教諭のキャリアパスとして、特別支援学級・通級の担任や特別支援教育コーディネーター等の特別支援教育に関する経験を組み込むことも配慮する。

⑶　期待する教師のキャリアパスの充実・人事交流

　期待する若手教師には、特別支援学級・通級の担任にしたり、特別支援教育コーディネーター等に指名して特別支援教育に関連した役割を与えたりする。また、特別支援学校への人事交流をさせたりすることも有効である。

⑷　校内における支援体制の構築

　特別支援教育を担当する教師に対する指導・支援としては、特別

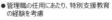
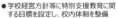

②採用段階での工夫	③校内体制の整備、キャリアパスの多様化、人事交流の推進による専門性向上	
●特別支援教育の経験を採用時に考慮	●特別支援学校において、特別支援学校教諭免許状を有しない教師の条件を限定	●管理職の任用にあたり、特別支援教育の経験を考慮
●採用後10年以内に特別支援教育を複数年経験	●校内研修、交換授業、OJTの推進	●学校経営方針等に特別支援教育に関する目標を設定し、校内体制を整備
	●特別支援学級等の教師による特別支援学校への人事交流の充実	

初任者〜10年目　　中堅（10年目〜）　　管理職

文部科学省「特別支援教育に関わる教師の専門性向上に向けた方策（概要）」より一部抜粋（「①養成段階での育成」は割愛）

支援教育の知識・経験のある教師を中核とした校内研修や校内OJT等による支援体制を組むなどがある。

管理職による人材育成

⑴　教員育成指標と連動した自己申告書の作成および面談の実施

　都道府県等教育委員会が策定する教員育成指標を踏まえた自己申告書・キャリアプランの作成をさせ、面談を通じて継続的に特別支援教育に関する資質・能力を育成する。

⑵　情報提供の充実

　国立特別支援教育総合研究所ではインターネットによる講義配信「NISE学びラボ」など資質向上に資する情報を豊富に提供している。特別支援教育にかかる手引等を発行している自治体もある。これらの情報を積極的に提供することも欠かせない。

⑶　特別支援学校とのつながりづくり

　特別支援学校のセンター的機能を活用して、特別支援教育コーディネーターの派遣等により、教師の学びを支えたりすることも不可欠である。そのためには管理職同士のつながりが欠かせない。

管理職の心得

- 特別支援学級等の教師のよき理解者になる
- 機会あるごとに特別支援学級等の話題を取りあげる
- 管理職が教室に出向いて教師、児童生徒に声をかける

新卒教員10年目までに
特別支援教育をどのように経験させていくか

　年度末から年度始めは、人事異動に伴って校内人事に頭を悩ませます。限られた期間で、主任や学級担任の確定、校務分掌や中学校では部活動顧問の決定まで、思い描く学校経営の理想を教職員の希望や現状を勘案しながら形づくっていく複雑で根気のいる作業です。

　そのなかで新卒教員は、未知数でありながら学校運営に希望を託したい人材です。意欲や行動力あふれるこの期間に多くの経験をさせたい思いと学校経営の課題が交錯してしまうことも多くあります。

　教員育成指標のキャリアステージで言えば、最初の10年間は初任期・発展期に相当して、その先の教員としてのキャリアに大きな影響を与える期間です。また、人事異動も経験する10年間です。

　学校経営の課題解決・改善を図りながらの将来を見据えた教職員の育成はむずかしいことですが、視点を変えた次のような取組を試してみてはいかがでしょう。

育成指標とともに自らの「経験指標」を描かせる

　免許を所得していたり、これまで経験をしたりしていない限り、新規採用の初年で特別支援学級担任を務めることは多くはないと思います。まず、初年度研修の一環として向こう10年間で自らの教員としてのビジョンを描かせてみましょう。そのなかで、校務分掌や教科以外の研究領域などとともに特別支援学級の担任を含めた特別支援教育とのかかわりを年単位で計画に織り込ませてみるのです。

　特別支援教育とのかかわりを織り込んだ教員10年間の経験計画を自ら立てさせるのです。もちろん、年々の学校課題によって校内人事がその通りにならないこともあるでしょうが、計画をもって校内

の人事希望を書かせ、管理職ができる限り反映させることで、人材育成を計画的に図ることができます。

■ 学級副担任というかかわり方

　小学校にはあまりなじみがないかもしれませんが、中学校ではそれぞれの学級に副担任を配置する学校が多くあります（学校によっては1人が2学級以上の副担任を務める場合もあります）。学級担任が不在時には朝夕のショートホームルームを行ったり、道徳科の授業を行ったりしています。生徒も副担任の役割を把握しています。

　しかし、特別支援学級に固定した副担任を配置している学校はあまりありません。各学校の教職員数の関係もあるのですが、**自立活動やショートホームルーム、特別活動等、特別支援学級の学び方（カリキュラムや履修方法）を考えると、特別支援学級こそ副担任が必要**だと考えます。

　本年度、本校では各特別支援学級に1人ずつ副担任を配置してみました。家庭との連絡帳や自宅学習帳の確認、保護者来校時の対応など、業務の分散化が図れています。また、校内教育支援委員会には担任と副担任が参加するなど特別支援教育に深く携わっている教職員がいっきに2倍に増えました。

　特別支援学級の副担任を務めている教職員は、指導方法や業務内容を知って、次年度以降に特別支援学級の担任をする自信と意欲にもつながっているようです。

　段階的なかかわり方の1つの手段として、中学校以外の校種でも副担任のようなかかわり方も試してみてはいかがでしょう。

■ 管理職の心得

- 自らの教職員生活10年間に計画性をもたせる
- 副担任制の導入で、段階的に。そして業務改善も図る

10年目以上の教員に
特別支援教育を
どのように経験させていくか

　特別支援教育を担う教師の養成の在り方等に関する検討会議報告（以下「報告」）では、「全ての新規採用教員がおおむね10年目までの期間内において、特別支援学級の教師や、特別支援学校の教師を複数年経験することとなる状態を目指し、人事上の措置を講ずるよう努めること。合わせて、採用から10年以上経過した教師についても、特別支援教育に関する経験を組み込むよう努めること」とあります。

　公立の小学校等の校長及び教員としての資質の向上に関する指標の策定に関する指針の改正（2022年8月）では、教師に共通的に求められる資質能力を、「①教職に必要な素養②学習指導③生徒指導④特別な配慮や支援を必要とする子供への対応⑤ICTや情報・教育データの利活用」の5つの柱で再整理しました。特別支援教育は学校経営の重要な柱です。それを担う人材育成、人事計画について学校の未来を見据えたマネジメントが重要です。

　報告には、特別支援学級の担任は、臨時的任用教員の比率が通常の学級よりも高いことが示されています。

　小学校学級担任11.49%　⇒　特別支援学級23.69%
　中学校学級担任 9.27%　⇒　特別支援学級23.95%

　本校でも臨時的任用教員を配置していますが、教員として経験豊かな先生に担任をお願いすることが多いのではないでしょうか。

　特別支援学級が複数ある場合は、臨時的任用教員から若手や中堅の教員への知識および技術の伝達を期待できます。

教員等のキャリアパス

　指針改正のポイントに、「変化の激しい時代において、学校教育を

取り巻く環境の変化を前向きに受け止め、主体性を発揮しながら、個別最適な学び、協働的な学びにより、教職生涯を通じて学び続けるといった、新たな教師の学びを実現する」とあります。

　特別支援教育の視点や知識、技能を得ることは、通常の学級の担任になったときや戻ったときに必ずその力が生かされ、教員としてのキャリアにおいて意義があります。私は、10年目以上の教員にとっては重要な教員としてのキャリアパスとして捉え、特別支援教育を経験することを推奨します。

 ## 人材配置と育成

　学校の未来を見据えた人事計画は、教員一人一人の職責、経験および適性に応じたステージにおいて、対話のもとマネジメントを進めていくことが重要だと思います。学校の事情によりむずかしいこともありますが、特別支援学級が複数ある場合は、10年目までの教員と10年目以上の教員を計画的に配置したいと考えています。

 ## コミュニケーションを大切に

　教員等一人一人のキャリアの形成は多様です。10年目以上の先生には、学校の中核となる教員としての自覚をもって、特別支援教育に携わっていただきたいです。日ごろからコミュニケーションを大切にし、それぞれのキャリア形成に応じた同僚性、協働性のある調和のとれた人材育成に努めたいものです。

管理職の心得

- 学校の未来を見据えた人材育成と人事計画を推進する
- アセスメント能力、ファシリテーション能力、コミュニケーション能力の向上へ多様な経験を積む

教職員の特別支援教育に対する
関心を高める
ためにはどのようにしたらよいか

　2007年に特別支援教育が学校教育法に位置づけられてから15年が経ち、特別支援教育はすべての学校で定着しています。さらに、インクルーシブ教育システムの構築に向けた取組が進んでいます。

　しかし、地域や学校によって取組方に違いがあったり、教員によって特別支援教育に対する意識に差があったりします。特別支援教育の校内体制を確実なものとするとともに、特別支援教育をさまざまな切り口で捉えて、校内に浸透していくようにします。

 ## 特別支援教育をさまざまな教育活動の視点で

⑴　**人権教育の視点で**

　「人権」とは、わかりやすく言えば、「命を大切にすること」「みんなと仲良くすること」です。各学校では人権教育の推進を大きな柱として、全教職員で取り組んでいます。そこに特別支援教育の切り口として、障害と関連した人権課題に取り組むことができます。

⑵　**道徳教育の視点で**

　各学校では、児童生徒が生命を大切にする心や他人を思いやる心、善悪の判断などの道徳性を身につけるために、道徳教育を充実させています。道徳の指導内容と関連させながら、特別支援教育を推進していくことができます。

⑶　**学級経営や生徒指導の視点で**

　コロナ禍において、学級経営や生徒指導の充実がより大切になりました。学級集団のなかで、自己理解を深め自己肯定感を高めるとともに、他者理解を深め、自分とは異なる個性を理解し、尊重し合う学級づくりや生徒指導が必要です。特別支援教育の推進を図ると

いうことは、いじめの未然防止を含めた学級づくりや生徒指導と関連します。

⑷　**ICT 機器活用の視点で**

　GIGAスクール構想により、1人1台のタブレット端末等が配備されました。活用をさらに進めようと、各学校が取り組んでいます。発達障害等のある児童生徒にとっては、個別最適な学びに向けて、ICT機器が有効な支援ツールとなります。特別支援教育への取組として、ICT機器の活用を工夫することができます。

特別支援教育の体制の見直しと改善

　発達障害も含めて、多様な児童生徒が学校には在籍しています。これからの学校は、その多様さに対し、一人一人の教育的ニーズを把握し、対応していくことが重要です。とくに、障害のある児童生徒に対しては、合理的配慮を提供することは、学校の法的義務です。教職員や保護者、地域も、そのことを理解する必要があります。

　校内の特別支援教育の体制が整備され、計画的、組織的に取組がなされていれば、管理職や教員の異動により人が代わっても、対応が変わることなく、システムとして機能していきます。

　特別支援教育の体制整備として、自校の①校内委員会の活性化②的確な実態把握③特別支援教育コーディネーターの活躍④個別の教育支援計画・個別の指導計画の作成・活用⑤外部の専門機関との連携などについて、適宜評価を行い、学校の状態に応じて改善を図ることが大切です。

管理職の心得

- ● 特別支援教育と学校のさまざまな教育活動を関連させる
- ● 校内の特別支援教育体制を見直し、必要に応じて改善を図る
- ● 学校および地域の特別支援教育に対する理解を深める

特別支援学級や通級指導教室の
担任を固辞する教員
にどのように対応するか

　特別な教育的配慮を必要とする児童生徒は、特別支援学校や特別支援学級、通級指導教室（以下「特別支援学級等」）だけでなく、通常の学級にも在籍しており、一人一人の個性や学び方には違いがあることを十分に把握して指導できることがすべての教員に求められています。そのため、これからの時代は、教員となって10年までの間に特別支援学級等での指導を経験し、特別支援教育に関する専門性を高めることが望まれています。まず、そのことを共通理解したうえで、各校においては学校経営課題を克服すべく人事構想を進めていることと思います。

　一方、特別支援学級等の担任となることをいくら勧めても、共通理解がむずかしい場合もあるかもしれません。そのような事態が生じてしまう場合に考えられる要因には、「**特別支援学級等の担任となることに対する不安や負担感**」や「**もう通常の学級を担任できなくなるのではないかという誤解**」が教員にあるのではないでしょうか。

　ここでは、**不安や誤解の解消や未然防止**の観点から、管理職として対応すべき内容を整理してみましょう。

 ## 未経験なことへの不安を軽減・解消するために

　教員自身が児童生徒として育ってきた学校、あるいは、これまでの赴任先は、特別支援学級等の設置の有無や学級規模、地域実情等がそれぞれに異なります。ですから、特別支援教育に接する機会がこれまで少なかった教員も案外いるのかもしれません。また、「先生なのだから、知っていて当然だろう」「できて当たり前なはず」「完璧でないと気がすまない」などと、自らハードルを高くしてしまい

がちな教員が多いのかもしれません。

　特別支援教育の指導においては、**原則として複数教員による
ティーム・ティーチング指導が基本である**ことや研修制度、専門機
関がホームページ等で公開している指導資料や教材コンテンツなど
も利用できることなど、**具体的な材料を提示して、未経験なことへ
の不安や抵抗感を軽減**してあげる必要があります。

戻れなくなるという誤解を解く（未然防止する）

　「先生の素晴らしい〇〇を特別支援学級で発揮してきてほしい」
「特別支援教室での指導を経験し、先生の〇〇をさらに高めてほし
い」など、**本人のキャリアプランとして有用**であることをしっかり
と伝えることが重要です。

　そのためには、日ごろの授業観察などを活かした指導・助言や普
段からのコミュニケーションも大切です。自分のどのような力に対
して、管理職からは**何を期待されているのかを教員が正しく理解**で
きなければ、誤解は解けません。特別支援学級等の担任を経験した
後について、**将来的な見通しや可能性**など管理職から直接の説明を
受ける機会があってこそ、冷静に検討できる第一歩となります。

＊　　　＊　　　＊

　児童生徒の成長を個別具体的に感じることのできる機会が、特別
支援学級等にはたくさんあります。まさに「教育の原点」と言えます。
管理職自身がそのことを日ごろから常に紹介するなど、特別支援教
育の魅力を大いに広めていってほしいと願います。

管理職の心得

- 特別支援教育を未経験な教員の不安を軽減、解消する
- 期待する部分と見通しをしっかりと伝え、誤解を防ぐ
- 日ごろから率先して、特別支援教育の魅力を語るべし

教育委員会事務局と連携して
どのように人材育成を図るか

　文部科学省「特別支援教育を担う教師の養成の在り方等に関する検討会議報告」(2022年3月)では、学校全体で障害のある子どもを含めた子どもの学びの保障、教師の特別支援教育に関する専門性を向上させるために、管理職自身の特別支援教育に関する理解と経験、リーダーシップが不可欠であると示されています。また、教師あるいは学校全体で、よりいっそう意識を改革し、特別支援教育を担う教師を増やしていくとともに、その教育の質を向上させていくことが重要と述べられています。

　ここでは、教育委員会事務局と連携してどのように人材育成を図るかについてお伝えします。

 ## 人事上の工夫

　上記報告を受けて、すべての教師に対し特別支援教育の知見や経験を蓄積するための組織的な対応が求められています。そして、任命権者および校長は、すべての新規採用教員がおおむね10年までの期間内において、特別支援学級の教師や特別支援学校の教師を複数年経験すること、採用から10年以上経過した教師についても特別支援教育に関する経験を組み込むよう努めることが示されました。また、任命権者および校長は、主幹教諭、指導教諭および管理職のキャリアパスとして、特別支援学級担任、通級による指導の担当や特別支援教育コーディネーター等の特別支援教育に関する経験を組み込むよう配慮する必要があります。校長には、**教育委員会との連携を図り教員への周知を図るとともに、一人一人の教員のキャリアプランに配慮しながら人事上の工夫をする**ことが求められます。

免許取得を促し専門性の向上を図る

　2021年度の国の調査によれば、特別支援学級担当教員の特別支援学校教諭の免許取得率は31.1％となっています。特別支援学級や通級指導教室の教員については、特別支援学校教諭の免許の取得を促し、各教員の特別支援教育に関する専門性を高める必要があります。

　校長は、**教育委員会からの認定講習の案内を各教員に紹介し、積極的な免許取得を促し、教員の専門性を高めていく必要があります。**

 ## 研修会等への参加を促し、専門性を高める

　各都道府県、各市区町村の教育委員会では、特別支援教育に関する研修会が計画的に実施されています。研修の内容は、児童生徒理解に関すること、発達検査について、読み書きのアセスメント、エビデンスに基づいた指導や支援の工夫、特別支援教育コーディネーターの役割、校内支援体制の充実などさまざまです。また、特別支援学級や通級指導教室では、授業研究会が実施されています。

　管理職としては、特別支援学級担任や通級指導教室の担当教員のみならず、**すべての教員に特別支援教育の研修会や授業研究会に積極的に参加するよう働きかけていくことが大切です。**

　また、市区町村の教育委員会に特別支援教育に関するアドバイザーがいる自治体では、授業観察および指導・助言、校内支援体制の在り方、特別支援教育を推進するための管理職の役割等の課題につきご指導いただける場合もあるので、積極的に活用しましょう。

管理職の心得

- 教育委員会と連携し計画的な人材育成に取り組む
- 免許取得を促し特別支援教育の専門性の向上を図る
- 研修会や授業研究会への積極的な参加を呼びかける

特別支援教育コーディネーター
をどのように育成していくか

通常の学級に在籍しながら通級による指導を受ける児童生徒は、年々増加している傾向にあります。特別支援教育の推進については、学校経営計画に位置づけ、「特別支援教育コーディネーター」を指名し、校務分掌に位置づけるところまではスムーズにできます。

しかし、特別支援教育コーディネーターが、校内委員会・校内研修の企画・運営などの役割を担い、役割を果たせるようになるのはむずかしいです。そこで、特別支援教育コーディネーターを中心に育成をしながら、学校全体で取り組むよう意識を変え支援体制をつくりました。

 ## 校内児童の実態把握と情報収集

本校では、養護教諭を中心に担任と1名ずつ特別支援教育コーディネーターを指名します。養護教諭は、校内支援委員会の企画・運営を中心に巡回指導教員、各学級担任と連携し相談状況の整理をします。担任には、校内の年3回の特別支援教育研修会と講師を招いての研修会の企画・運営を中心に行い、役割を分担しています。

養護教諭には管理職と連携し、保健室運営と同時に学級の様子を見てもらいます。日ごろの子ども達一人一人の実態を把握することで、保護者や担任の児童に関する相談があったときに、情報共有がスムーズになります。

校内児童については、年3回の特別支援教育研修会で情報共有し学校全体で共通理解します。この他にも特別支援教育コーディネーターは、巡回指導教員や特別支援教室専門員、スクールカウンセラー、巡回心理士からも情報収集しています。

校内支援委員会の計画的な実施

　2021年度当初には、特別支援教育ガイドラインに基づき本校の特別支援教育について冊子をつくり、学校全体で共通理解をしました。

　養護教諭を中心に巡回指導教員や特別支援教室専門員、スクールカウンセラーにも参加してもらえるよう教務主任と連携して校内支援委員会の日程と内容について年間計画を立てるようにします。立てた計画に基づき入退級含め必ず実施していきます。

　校内支援委員会では、学年や学級から事前相談があったり、管理職、養護教諭が気になったりした児童について、さまざまな立場から成長している面や課題について情報共有していきます。

　この校内支援委員会が担任との細かい情報共有の場になり、少しでも早く子どもにとってよりよい手立てを考える場となってきました。たとえば、学習支援員などの人的な配置など、どの子にとっても「わかる」「できる」を実感できる教育環境の整備ができました。専門性の高い心理士からは、個々の特性を理解し対応する具体的な手立てを提案してもらうことができます。そうすることで、教員の指導力の向上にもつながります。

　校内支援委員会で特別支援教育コーディネーターも他の教員もお互いに育成されたと感じます。大切なのは、**特別支援教育コーディネーターを中心に、専門性の高い心理士などと連携した支援体制の整備を行い、学校全体で子ども達の課題に取り組むよう意識を変えていくことです。**

管理職の心得

- 学校全体での支援体制へ意識を変えていく
- 校内全体で支援体制を構築する
- 専門性の高い心理士などと連携し支援体制を整備する

障害による特性を児童生徒の
怠けや努力不足等と誤解する
教職員をどう指導するか

　2007年に文部科学省から出された「特別支援教育の推進について
（通知）」のなかで「特殊教育」から「特別支援教育」への方向転換がな
され、共生社会の形成やインクルーシブ教育システムの構築に向け
ての取組が明確化されました。また2016年の「障害者差別解消法」
の施行によって、学校においても「合理的配慮」が求められるように
なるなど、ここ15年間で発達障害等を含めて障害に対する知識や
理解も浸透してきました。

　しかしながら、認識不足からまだ障害による特性を、児童生徒の
怠けや努力不足等と誤解する教職員が一定数いることも事実です。

 ## 子どもの困難さ、担任の悩みを把握し支援する

　担任同士の雑談で「A君は、いつも宿題をさぼってやってこない
んだよね」とか「B君は、話をきちんと聴かず、まじめに取り組む努
力をしないんだよね」というような声を聞くことがあります。

　このように、担任のなかには、障害による特性を児童生徒の怠け
や努力不足等と誤解して、きつい叱咤や過重な課題を繰り返させる
など、不適切な対応をしてしまうことがあります。怠けや努力不足
の児童生徒もいますが、「頑張ってやろうとするけれどもできない」
と困っている児童生徒が多くいます。また、「授業に集中せず立ち
歩いてしまう」「何度説明してもすぐに忘れてしまう」と、特定の児
童生徒への指導上の悩みを誰にも相談できないでいる教師もいます。

　指導の入らないのは**児童生徒の怠けなのか、または障害特性に起
因しているものなのか、それとも教師の指導方法の問題なのか、原
因の分析を多面的に行うことが重要です。**

校長は、授業観察、自己申告面接、主任・養護教諭・専科教諭・特別支援教育コーディネーターなどからの情報収集を行い、校内委員会の活用など組織的に対応できる体制を整え、日ごろから子どもの困難さ、担任の悩みに対して適切な支援やアドバイスができるようにしておくことが大切です。

■ 全教職員で障害に関する理解を深め対応する

　障害特性を正しく理解せずに、生活指導上の問題として捉えて対応をしてしまうと、不登校や問題行動などの二次障害を引き起こす可能性があります。誤解している教師に向けて、「原因が障害特性によるものだから、指導方法を変えたほうがよい」と指導しても、具体的な支援の方法がわからなくては正しく対応することはできません。そのためすべての教職員が障害に対する正しい理解を深め、「合理的配慮」など、児童生徒の障害による困難さの改善に向けて適切な支援ができるようにしていかなくてはなりません。

　校長は誤解をしている教職員は氷山の一角と捉え、全教職員に対して専門家を招いての全校での研修会の実施、人権教育、特別支援教育など教育委員会が主催している研修会の活用、校内研究を通じての指導方法の改善、ユニバーサルデザインの考え方を取り入れた授業の導入や校内の環境整備など、障害に対する共通理解を深め、学校全体で取り組むことが重要です。また、**校長自身も特別支援教育への理解や担任への指導方法の向上に向けての研修を怠らず、誤解して悩んでいる教師に適切な助言ができるようにしたいものです。**

管理職の心得

- 日ごろから児童生徒の困難さや担任の指導上の悩みなどの情報収集を徹底し、その原因を正しく分析して対応する
- 全教職員への研修を充実し、障害の理解を深め、全校体制で足並みを揃えて取り組む

1・2・45・66 ———————— 山中ともえ（やまなか・ともえ）調布市立飛田給小学校長

3・4 ———————— 川崎勝久（かわさき・かつひさ）新宿区立花園小学校長

5・16 ———————— 原　寿（はら・ひさし）八戸市こども支援センター教育相談員

6・7・67 ———————— 大関浩仁（おおぜき・ひろひと）品川区立第一日野小学校長

8・9 ———————— 小島　徹（こじま・とおる）多摩市立大松台小学校長

10・11 ———————— 田野信哉（たの・しんや）鴻巣市立松原小学校長

12・13 ———————— 髙汐康浩（たかしお・やすひろ）府中市立府中第二中学校長

14・15 ———————— 玉野麻衣（たまの・まい）大田区立調布大塚小学校長

17・21 ———————— 望戸千恵美（もうこ・ちえみ）国府台女子学院小学部副学院長

18・19 ———————— 廻谷敦士（めぐりや・あつし）宇都宮市立御幸が原小学校長

20・70 ———————— 阿部謙策（あべ・けんさく）前葛飾区立梅田小学校長

22・36・58 ———————— 猪股嘉洋（いのまた・よしひろ）札幌市立手稲西小学校長

23・35 ———————— 板倉伸夫（いたくら・のぶお）熊谷市立市田小学校長

24・25 ———————— 青田佳寿紀（あおた・かずのり）札幌市立手稲山口小学校長

26・27 ———————— 田中純一（たなか・じゅんいち）文京区立小日向台町小学校長

28・31 ———————— 飯田泰三（いいだ・たいぞう）世田谷区立三軒茶屋小学校長

29・47 ———————— 三村千秋（みむら・ちあき）前広島市立牛田中学校長

30・51 ———————— 博多正勝（はかた・まさかつ）渋谷区立神南小学校長

32・34 ———————— 須藤香代子（すとう・かよこ）青森市立浪館小学校長

33・41 ………… 大場一輝（おおば・かずてる）八丈町立三根小学校長

37・63 ………… 神保幸次郎（じんぼ・こうじろう）板橋区立中台小学校長

38・49 ………… 森　進一（もり・しんいち）江戸川区立南小岩小学校長

39・50 ………… 小泉一弘（こいずみ・かずひろ）世田谷区立多聞小学校長

40・52 ………… 伴　英子（ばん・えいこ）横浜市立伊勢山小学校長

42・68 ………… 大湊由紀子（おおみなと・ゆきこ）江東区立亀高小学校長

43・62 ………… 半田憲生（はんだ・のりお）西尾市立鶴城中学校長

44・61 ………… 衣非まさ子（えび・まさこ）目黒区立月光原小学校長

46・54 ………… 齊藤直彦（さいとう・なおひこ）品川区立宮前小学校長

48・53 ………… 鳥居夕子（とりい・ゆうこ）羽村市立松林小学校長

55・69 ………… 太田智恵（おおた・ちえ）江東区立第四砂町小学校長

56・65 ………… 東條和徳（とうじょう・かずのり）東近江市立八日市西小学校長

57・64 ………… 西村　真（にしむら・まこと）鹿児島市立河頭中学校長

59・60 ………… 谷田部孝子（やたべ・たかこ）

茨城県教育研修センター特別支援教育課主査

おわりに

2007年に特別支援教育が本格的にスタートしてから、毎年度さまざまな施策が講じられ、法整備上のハード面、指導方法・内容等にかかわるソフト面の充実が図られてきました。

特別支援学級や通級指導教室にかかわる施策では、通級による指導にかかる教員の基礎定数化、個別の教育支援計画の法的位置づけ、個別の指導計画の作成の義務化、さらには自立活動については小中学校学習指導要領に初めて明記されました。自立活動の指導に関しては、特別支援学校学習指導要領解説・自立活動編に、個別の指導計画の作成手順である「流れ図」として詳細に記載されたり、指導事例には発達障害にかかる具体例が追記されたりしました。

特別支援教育に携わるすべての教師に対しては、改訂された小中高等学校学習指導要領の各教科等の解説書に、障害のある児童生徒が学習活動を行う場合に生じる困難さに応じた指導内容や指導方法の工夫を計画的、組織的に行うこととして、困難さの背景に応じた支援例が示されました。

小中高等学校における特別支援教育の推進体制に目を向けると、特別支援教育という言葉が一般的になり、特別支援教育コーディネーターの指名や校内委員会の設置が100%近く整備され、学校全体で組織的に特別支援教育に取り組めるようになりました。

現在、国は、このように推進、充実してきた特別支援教育の15年間の歩みを振り返り、検証し、次のステージへ進もうとしています。

たとえば2021年1月の「新しい時代の特別支援教育の在り方に関する有識者会議報告」を踏まえて設置された「特別支援教育を担う教師の養成の在り方等に関する検討会議」がまとめた2022年3月の報告には、今後の特別支援教育の方向性が具体的に明示されました。

報告にある、特別支援教育経験者を増やす具体的な策として「全ての新規採用教員がおおむね10年目までの期間内において、特別支援学級の教師や、特別支援学校の教師を複数年経験すること」は大きな話題となっています。また校内（通常と通級、通常と特別支援学級）の教師間による交換授業や研究授業の実施、担任外の教師による特別支援学級の専科指導、通級による指導の教員による通常の学級におけるTT指導など、採用、育成段階における方針も示されて

います。さらに、管理職に対しては、「学校全体の課題として特別支援教育が取り組まれるよう、学校教育目標や目指す教師像など学校経営方針や学校経営計画において特別支援教育に関する目標を適切に設定するとともに、各学校が行う学校評価の中核となる評価項目・指標としても必ず盛り込むこと」としています。

特筆すべきは、この報告にある文章の主語に「校長」の文言が数多くあることです。今後の特別支援教育の充実、発展は、校長の双肩にかかっていると言っても過言ではありません。これまで以上に校長のリーダーシップに期待していることがうかがえました。

しかし、校長の特別支援教育の専門性に関する調査を見てみると、特別支援学級や通級指導教室等の担任を教員時代に経験した校長の割合が30％程度であり、専門性の担保ができているとは言えない状況です。校長のみならず教頭（副校長）も含めた学校管理職の特別支援教育にかかる資質能力の向上が喫緊の課題になっています。

また、国は、2022年9月に国連からの勧告（日本が批准した障害者権利条約の取組に対する審査勧告）を踏まえて、共生社会の形成に向けて、インクルーシブ教育システムの理念を構築していくことが求められています。学校は、この理念の実現に向けて、障害のあるなしにかかわらず可能な限り同じ場で学ぶことを追求するとともに、一人一人の教育的ニーズに最も的確に応える指導が提供できるよう、多様で柔軟な学びの場を整備していくことが求められるようになってきています。

本書は、このように大きな変革の時期を迎えている特別支援教育の概要を、すべての管理職に伝えていきたいという思いでまとめられています。実際に管理職が特別支援教育を学校経営・学校運営で扱っていくうえで知っておくとよい内容に絞ってありますのでぜひ参考にしてください。

執筆いただいた皆様は、全国で特別支援教育の造詣が深く、各地区をリードされてきた選りすぐりの校長経験者ばかりです。執筆にあたっては、管理職として備えておくべき特別支援教育の専門性について、実際に学校現場での経験をもとに回答していただいています。本書が、皆様が抱いている特別支援教育への疑問や不安を解消することに、少しでもお役に立てることができれば幸いと存じます。

2022年12月　喜多好一

編者紹介

喜多好一 きた・よしかず

全国特別支援学級・通級指導教室設置学校長協会会長
東京都江東区立豊洲北小学校統括校長

　1963年生まれ。東京都公立小学校教諭、練馬区教育委員会統括指導主事、副校長を経て2017年から現職。全日本特別支援教育研究連盟副理事、国立特別支援教育総合研究所運営委員、全国特別支援学級通級・指導教室設置学校長協会会長などを歴任。また、文部科学省「特別支援教育を担う教師の養成の在り方等に関する検討会議」委員なども務め、現在は「通常の学級に在籍する障害のある児童生徒への支援の在り方に関する検討会議」委員。主な著書に『発達障害のある子への「自立活動」指導アイデア111』(明治図書) などがある。

校長・教頭が特別支援教育で困らないための心得197

2023年1月5日　第1刷発行
2024年10月1日　第2刷発行

編　　　者		喜多好一
発 行 者		福山孝弘
発 行 所		株式会社教育開発研究所

　　　　　　　〒113-0033　東京都文京区本郷2-15-13
　　　　　　　TEL：03-3815-7041 (代)　　FAX：03-3816-2488
　　　　　　　URL：https://www.kyouiku-kaihatu.co.jp
　　　　　　　E-mail：sales@kyouiku-kaihatu.co.jp
　　　　　　　振替　00180-3-101434

ブックデザイン		黒瀬章夫 (Nakaguro Graph)
編 集 担 当		大沼和幸
校 正 担 当		尾方　篤
印 刷 所		中央精版印刷株式会社

Printed in Japan　ISBN 978-4-86560-566-2　C3037
落丁・乱丁本はお取り替えいたします。定価はカバーに表示してあります。